Die erste Indienreise

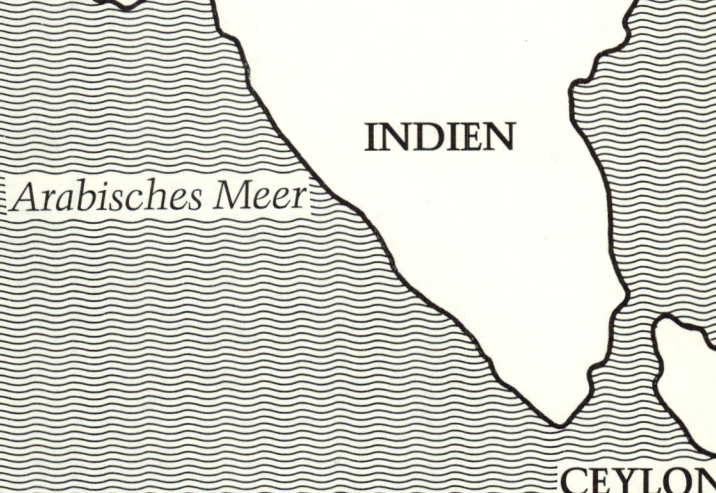

Obermeier Starb Jesus in Kaschmir?

Siegfried Obermeier

Starb Jesus in Kaschmir?

Das Geheimnis seines Lebens und Wirkens in Indien

Für Angelika und Pino F.

Inhalt

Prolog

In diesem Buch wird die Rede davon sein, daß Jesus Christus sich etwa zwischen seinem dreizehnten und dreißigsten Lebensjahr nicht in seiner Heimat aufhielt, sondern eine uralte Karawanenstraße nach Osten zog und dabei über Persien und Afghanistan nach Indien gelangte.

Nach seiner Rückkehr finden wir ihn, predigend und seine Mission als Messias erfüllend, in Palästina wieder, wo man ihn schließlich am Freitag der Osterwoche, vermutlich im Jahre 30 unserer Zeitrechnung ans Kreuz schlug. Ich werde nachzuweisen versuchen, daß Jesus die Kreuzigung überlebte und wieder genas. Als Mensch von Fleisch und Blut besuchte er noch mehrmals seine Jünger, um sich dann ein zweites Mal auf den weiten Weg nach Osten zu begeben. Jesus lebte noch lange Zeit im heutigen Kaschmir und verkündete den dort ansässigen Juden seine Lehre. Sein Grab ist bis heute in Srinagar, der Hauptstadt des Landes, zu sehen und wird als das eines heiligen Propheten gleichermaßen von Moslems, Buddhisten und Hindus verehrt.

Dies macht in aller Kürze den Inhalt des vorliegenden Buches aus. Ich möchte hervorheben, daß es mir nicht darum geht, den geistigen Gehalt einer Glaubenslehre anzugreifen oder in Frage zu stellen. Wer sich in einem modernen Sinne als Christ versteht, kann dieses Buch ohne Ärgernis lesen. Mein Buch kann und will auch keine »Beweise« liefern – es kann nur Hinweise geben, soll Überkommenes in Frage und alle Fragen aus neuer Sicht zur Diskussion stellen. Ich selbst bin allen Weltreligionen gegenüber völlig wertfrei eingestellt und hoffe, an diesem Standpunkt auch festgehalten zu haben.

Was sich in verschiedenen östlichen Literaturen vieler Jahrhunderte über die zweimalige Reise von Jesus nach Kaschmir und Indien, über sein dortiges Leben und Wirken und schließlich seinen Tod findet, liefert so viele Indizien, die mich veranlaßten, dieses Buch zu schreiben.

Für viele Menschen in Kaschmir, aber auch im übrigen Indien birgt das Grab in Srinagar den historischen Jesus. »Das Wunder ist des Glaubens liebstes Kind«, sagt Goethe, womit er in aller Kürze eine uralte Wahrheit ausspricht. Nur geht es in diesem Fall nicht um mystische Glaubensinhalte oder mit physikalischen Gesetzen nicht vereinbare Wunder, sondern ganz einfach um die Tatsache, daß ein Mensch nicht dort, wo man bisher glaubte, sondern woanders gestorben ist. Daß sich die Begleitumstände dieser neuen Sachlage allesamt ohne Zuhilfenahme von Wundern oder unerklärlichen Begebenheiten im normalen Rahmen einer Epoche, eines Menschenlebens und durchaus bekannten geographischen Umständen abgespielt haben, sei dem Leser versichert.

Nun stellt sich natürlich die Frage, warum diese Dinge nicht schon eher bekannt und verbreitet wurden, da sie doch offen zutage liegen. Die Erklärung dieses Faktums ist sehr einfach, doch sie ergibt sich aus dem Zusammenwirken mehrerer Umstände.

Rund fünfzehnhundert Jahre hat das Christentum weite Teile des Vorderen Orients und fast den gesamten Okzident beherrscht. Selbst nach den Stürmen des Islams blieb der Glaube in Ostrom – auf das heutige Griechenland bezogen – erhalten. Für die dem Christentum weitgehend verlorenen Gebiete Ägyptens, Palästinas und Kleinasiens wurde noch im selben Jahrhundert, als Byzanz fiel, die letzte Bastion des Islams in Spanien (1492 Granada) zurückgewonnen.

So umgab sich das christliche Abendland mit einer Art Sperre. Nichts, nicht eine Zeile durfte von außen eindringen, die das, was die Kirche als kanonisch erklärt hatte, in Frage stellte. Die Kirche – ob orthodox, römisch-katholisch oder später die Protestanten – hütete eifersüchtig jedes Wort der Lehre, so wie es in der Bibel stand, auch wenn die Auslegung gelegentlich differierte. Doch keine neuen Erkenntnisse kamen hinzu. Was für alle Wissenschaften gilt, galt für die Theologie nicht. Dabei wurden rein historisch gesehen durchaus Entdeckungen gemacht oder neue Erkenntnisse gewonnen, doch diese wurden dem Glauben angepaßt oder unterdrückt. Undenkbar wäre gewesen, etwa ein Buch aus dem Persischen in eine abendländische Sprache zu übersetzen, das die These vertrat, Jesus sei in Indien gewesen. So etwas nahm man lieber gleich gar nicht zur Kenntnis. Heute, zweitausend Jahre nach den Ereignissen um Jesus Christus, sehen wir allerdings, daß dieses Sichabblocken gegen alle Einflüsse von außen nicht viel geholfen hat. Es haben sich viele christliche Sekten gebildet, und von der Idee eines einzigen Glaubens aller Christen sind wir – trotz guten Willens in manchen Kreisen – weiter entfernt denn je. Im Gegensatz zum Mittelalter spielt der Glaube im öffentlichen Leben keine beherrschende Rolle mehr.

Heute, da wir für eine ketzerische Bemerkung nicht mehr auf die Folterbank und den Scheiterhaufen müssen, ist die Situation trotz der Freiheit des Wortes im Grunde die gleiche geblieben. Was die Kirche seit Jahrhunderten ihren Schäflein eingetrichtert hat, ist selbst dem lauen, am Glauben kaum interessierten »Christen« so in Fleisch und Blut übergegangen, daß sogar er zurückschreckt, wenn in dieser Richtung etwas Neues, bisher Unerhörtes zu vermelden ist. Das soll nun allerdings nicht heißen, daß das Thema dieses Buches nicht schon in den Jahren zuvor aufgegriffen und – allerdings meist sehr kurz – angesprochen wurde. Ich verweise auf den Artikel im *Stern* Nr. 16 des Jahres 1973. Unter dem Titel »Jesus starb in Indien« wurden die wesentlichsten Punkte dieses Themas behandelt.

Am 30. März 1978 brachte sogar der *Münchner Merkur* einen Beitrag mit der Überschrift: »Archäologe behauptet: Jesus Christus starb hochbetagt in Indien.«

In ihm – wie auch im Artikel des *Stern* – wurden die, wie ich nachweisen werde, nicht mehr ganz neuen Erkenntnisse des in

Kaschmir lebenden Professors F. M. Hassnain erläutert. Er hat sich nicht als erster, aber vielleicht am intensivsten mit dem Thema befaßt.

Mittlerweile – im April 1982 – hat sogar die höchst angesehene Zeitschrift *GEO* bei einem sehr informativen Artikel über Kaschmir angemerkt: »Ins ›glückliche Tal‹ wanderte schon Moses und liegt nun in einem Sagengrab am kaschmirischen Berge Niltoop. Ins ›glückliche Tal‹ wanderte auch Jesus, und die leise, die zweifelbeladene Gelehrtengeschichte füllt die elysischen Gefilde mit heiligen Bildern.«

Dies und noch mehr drang inzwischen in den Westen und hat mich – unter anderem – veranlaßt, diese hochinteressanten Spuren gründlicher auszuforschen.

Nach diesen Betrachtungen stellt sich die Frage, ob denn – auf die Zeit Jesu bezogen – die vier Evangelien, die Apostelgeschichte, die Briefe der Apostel und die Offenbarung des Johannes wirklich schon alles darstellen, was aus jener Zeit und zu diesem Thema überliefert worden ist.

Für das, was die westlichen Kirchen als kanonisch, das heißt wahr, echt, für die Lehre verbindlich erklärt haben, ist es tatsächlich die allein akzeptierte Grundlage. Doch es ist bei weitem nicht alles.

Da in diesem Buch sehr häufig die Apokryphen zu Wort kommen, soll im folgenden Kapitel erklärt werden, was das ist und inwiefern sich diese Schriften von den anerkannten, den kanonischen, unterscheiden.

Die geheimnisvolle Welt der Apokryphen

In dem Buch der beiden Religionshistoriker Hennecke und Schneemelcher »Neutestamentliche Apokryphen« lesen wir: »In der Periode, in der die Schriften entstanden, die sich später im Kanon des Neuen Testaments zusammenfanden, sind auch Schriften entstanden, die später die Bezeichnung ›apokryph‹ erhielten und verworfen wurden. Zunächst ist es dabei offensicht-

12

lich so gewesen, daß – da es ja keinen Kanon gab – ein Teil dieses christlichen Schrifttums gleichwertig neben den später als kanonisch angesehenen Werken stand und in den einzelnen Gemeinden gelesen und anerkannt wurde.«

An anderer Stelle desselben Buches steht: »Im Westen ist die Entwicklung zum Kanon der siebenundzwanzig Bücher schneller vonstatten gegangen als im Osten. Man kann behaupten, daß – nach dem Zeugnis des Hieronymus und des Augustin – das Neue Testament mit siebenundzwanzig Büchern um 400 n. Chr. offiziell anerkannt war. Allerdings besagt diese offizielle Entscheidung nicht, daß in allen Gemeinden dieser Kanon nun Geltung hatte.«

Aus den beiden Zitaten dieser für das apokryphe Schrifttum weltweit anerkannten Autoren lassen sich u. a. die folgenden Schlüsse ziehen:

Die westliche Kirche hat also rund vierhundert Jahre gebraucht, um das christliche Schrifttum in kanonisch – also echt – und apokryph, was eigentlich »verborgen« bedeutet, im Sinne von »unecht« aufzuteilen. Wir erfahren aber auch, daß in den Jahrhunderten zuvor und in der Ostkirche noch später das apokryphe Schrifttum gleichwertig neben dem kanonischen stand, in manchen Fällen sogar allein verwendet wurde.

Die Hauptfrage beim kanonischen wie auch beim apokryphen Schrifttum ist die nach den Quellen. Da die vier Evangelien etwa zwischen 80 bis 120 n. Chr. entstanden sind, war keiner der Verfasser Augenzeuge der Ereignisse, es sei denn – was unwahrscheinlich ist – er hätte mit achtzig oder neunzig Jahren niedergeschrieben, was er als Dreißigjähriger erlebt hat. Dieser zeitliche Abstand bewirkte auch die Widersprüche und Abweichungen in den Evangelien. Da Matthäus, Markus und Lukas ungefähr gleich lauten, nennt man sie die »Synoptiker« im Sinne der vergleichenden Übereinstimmung. Ihnen steht Johannes gegenüber mit starken Abweichungen. Gleichzeitig aber mit diesen entstand eine religiöse Literatur, die teils dieselben Ursprünge, teils uns bis heute unbekannt gebliebene Quellen benützte. Wer aber sagt, daß diese Quellen falsch waren? Wir wissen nicht einmal, ob manche der apokryphen Schriften nicht ein weit authentischeres Quellenmaterial zur Verfügung hatten als beispielsweise der Verfasser des Johannesevangeliums. Letzteres wurde in manchen Gemeinden bis ins 6. Jahrhundert hinein angezweifelt oder sogar abgelehnt.

Den Kirchenlehrer und Märtyrer Justinus (etwa 100 bis 165 n. Chr.) können wir als sehr frühen Zeugen für die Verwirrung nennen, die in den beiden ersten Jahrhunderten im christlichen Schrifttum herrschte. Auch die beiden Autoren Hennecke und Schneemelcher gehen hierauf ein:

»Es ist umstritten, ob Justin alle vier Evangelien gekannt hat und sie als heilige Schriften benutzt. Für die Synoptiker wird man die Bekanntschaft und Benutzung zugeben können, während es meines Erachtens mehr als zweifelhaft ist, daß er das Johannesevangelium benutzt hat.

Neben der synoptischen Tradition begegnen uns aber bei Justin auch unbekannte Jesusworte, über deren Herkunft wir kaum befriedigende Auskunft geben können. Die Frage, ob er aus unbekannten, das heißt uns nicht erhaltenen Evangelien schöpft, oder ob er nichtschriftliche Traditionen benutzt, wird allerdings wohl in ersterem Sinn zu beantworten sein.«

Aus jetziger kirchlicher Sicht hat Justinus also auch aus apokryphem Schrifttum geschöpft. Wer will nun heute mit Sicherheit sagen können, in den kanonischen Evangelien sei alles wahr und richtig, in den Apokryphen alles falsch und erfunden?

Jesus wurde »vor Christus« geboren

Um die Geburt von Religionsstiftern pflegen sich die wunderbarsten Legenden zu ranken. Dies gilt für Buddha, Zoroaster (Zarathustra) und Mohammed nicht anders als für Jesus Christus.

Es gilt dabei zu bedenken, daß die vier Evangelisten, auch wenn unter ihren Namen Verfasser am Werk waren, die Chri-

Alte Ansicht von Bethlehem.
Angeblicher Geburtsort von König David und Jesus.
Foto: Lopez

stus nur noch aus Erzählungen kannten, sich doch in ihren Berichten vom Wirken Jesu auf Augenzeugen oder andere authentische Quellen stützen konnten. Dies gilt für die Zeit seines öffentlichen Auftretens, also von seiner Begegnung mit Johannes dem Täufer bis zum vermeintlichen Tod am Kreuz.

Anders ist es mit der Zeit davor, über die niemand etwas Genaues wußte. Markus und Johannes verzichten auf Berichte von der Geburt und beginnen gleich mit Jesu öffentlichem Auftreten. Nur Matthäus und Lukas schildern die Umstände der Geburt, und sie tun es auf ziemlich unterschiedliche Weise. Beide führen phantastische Stammbäume Jesu auf, die überhaupt keine Ähnlichkeit miteinander besitzen und beweisen sollen, daß Jesus von David abstammt. Wo aber bleibt dann die jungfräuliche Geburt, wenn Jesus – natürlich über seinen Vater Josef – von David abstammt? Sein Geburtsort Bethlehem ist heute sogar bei katholischen Forschern umstritten. Bethlehem galt als

15

Davids Heimatort, und so mußte auch – der Legitimität halber – Jesus dort geboren sein. Das unter dem Namen Markus überlieferte älteste Evangelium nennt Bethlehem überhaupt nicht. Das zwischen 80 und 90 n. Chr. entstandene griechisch geschriebene Matthäusevangelium etwa trägt einer hellenistisch gebildeten Umwelt Rechnung.

Für den Kindermord des Herodes gibt es zahlreiche Beispiele in der griechischen Mythologie. Apollon und Herakles traten unter allerlei Gefahren in diese Welt, sogar beim vergöttlichten Kaiser Augustus beschloß der Senat – auf das Vorzeichen hin, ein König werde geboren –, in dem entsprechenden Jahr kein Kind am Leben zu lassen.

Herodes, von dem jüdischen Geschichtsschreiber Flavius Josephus, der 37 n. Chr. in Jerusalem geboren wurde, im »Jüdischen Krieg« ausführlich geschildert und charakterisiert, rottete fast seine ganze Familie aus. Seine Frau Mariamne und drei seiner Söhne fielen dem grausamen Despoten zum Opfer. Hätte Herodes nun, wie es bei Matthäus heißt, »in Bethlehem und Umgebung« alle Knaben eines Jahrgangs töten lassen, so wäre diese Schandtat im ganzen Land bekannt geworden, und auch Flavius Josephus hätte sie uns nicht verschwiegen. Diese Legende will nur besagen, daß das Göttliche unter allerlei Gefahren die Erde betritt.

Nicht anders ist es bei dem ebenfalls griechisch schreibenden und gebildeten Lukas. Die reisende Mutter, die keine Herberge findet, um ihr Kind zu gebären, finden wir in sehr ähnlicher Form in der Apollolegende. Wie Jesus in einer Krippe, so liegt das Dionysoskind in einer Getreideschwinge. Den Stern von Bethlehem finden wir in ähnlicher Weise als »Licht, das die Nacht erhellt« oder »Die Jungfrau hat geboren, das Licht geht auf« in zahlreichen Mysterienreligionen der Antike. Bei Zarathustra, dem großen persischen Religionsstifter, war das Geburtshaus »von hellem Licht durchstrahlt«.

Lassen wir es mit diesen Beispielen, die man beliebig verlängern könnte, genug sein. Es soll damit nur gesagt werden, daß die An-

16

hänger und Künder eines Religionsstifters dessen Geburt immer mit wunderbaren Ereignissen umkleiden, denn wenn er, das Heil der Welt, diese Erde betritt, so kann dies nicht unter normalen Umständen geschehen. In einer ganz wesentlich von griechischer Kultur geprägten Epoche hielt man sich natürlich an die griechischen Beispiele, vor allem des Apoll, mit dem Christus in einigen gnostischen Lehren geradezu identifiziert wurde.

Zum Vergleich sei kurz angeführt:

Buddha wurde von einem weißen Elefanten gezeugt und trat an der rechten Seite seiner Mutter ans Licht.

»Er war bei vollem Bewußtsein und nicht mit dem Schmutz des Mutterleibes behaftet.«

Zu Mohammeds Geburt berichtet der Koran:

»Als Mohammed geboren wurde, verkündeten es die Engel laut und leise.«

Nun zu den Fakten. Was wissen wir wirklich über die Geburt von Jesus Christus? Laut unserer Zeitrechnung, die sich danach orientiert, müßte er im Jahre Null geboren sein. Dies hat sich mittlerweile als falsch herausgestellt. Man hat mit der christlichen Zeitrechnung nicht zu Lebzeiten Jesu begonnen, sondern etwa ein halbes Jahrtausend später, so daß sich Fehler verschiedenster Art ergaben, denen wir es zu verdanken haben, daß Jesus vor Christus geboren ist.

Die Evangelien berichten von einer Geburt zur Regierungszeit Herodes' des Großen. Dieser starb aber im Frühjahr des Jahres 4 v. Chr. Nun gibt es bei Lukas noch die Erwähnung des syrischen Statthalters Quirinus, der angeblich mit der Volkszählung betraut war. Da aber die Namen der Statthalter in der Zeit um Christi Geburt bekannt sind, bleiben für Quirinus nur noch die Jahre 12 bis 8 v. Chr. Es besteht allerdings die Möglichkeit, daß Quirinus den Zensus nicht in seiner Eigenschaft als Statthalter, sondern als Sonderbeauftragter durchführte, doch niemand weiß, wann dies geschah. Die Erwähnung des Lukas: »Und Jesus war, als er anfing, ungefähr dreißig Jahre alt«, ist zu unbestimmt, um sie zur Datierung zu verwenden. Zieht man dies und noch eine Reihe anderer Hinweise in Betracht, so muß Jesus etwa in der Zeit von 7 bis 5 v. Chr. geboren worden sein.

Nun noch ein Wort zu den sehr spärlichen außerchristlichen Zeugnissen über das irdische Dasein des Jesus Christus.

Flavius Josephus, jüdischer Geschichtsschreiber, kommt als erster Zeuge in Frage. Etwa um das Jahr 90 n. Chr. schrieb er in seinen »Jüdischen Altertümern« über einen Gerichtsstreit unter den Hohenpriestern:

»Er versammelte daher den Hohen Rat zum Gericht und stellte vor dasselbe den Bruder des Jesus, der Christus genannt wird, mit Namen Jakobus sowie noch einige andere, die er der Gesetzesübertretung anklagte und zur Steinigung führen ließ.«

Interessant ist zudem, daß auch hier – wie bei Markus – Jakobus ausdrücklich als Jesu Bruder bezeichnet wird. Zu der nur noch von der katholischen Kirche vertretenen These, die in der Bibel genannten Brüder und Schwestern Jesu seien in Wirklichkeit Vettern und Basen gewesen, erübrigt sich bei dieser eindeutigen Quellenlage jeder Kommentar. Die andere Stelle bei Flavius Josephus – ein Loblied auf Christus – gilt heute allgemein als Fälschung. Als nächstes Zeugnis dient uns ein Brief von Gaius Plinius Secundus dem Jüngeren (61 bis 113 n. Chr.). In ihm geht es um die Bestrafung der Christen, wenn sie vor einem Kaiserbild nicht opfern wollen, über Denunziation und ähnliche Rechtsfragen.

»Die Sache scheint mir nämlich der Beratung zu bedürfen, vor allem wegen der großen Schar der Angeklagten. Denn viele jeden Alters, jeden Standes, auch beiderlei Geschlechts, sind jetzt und in Zukunft gefährdet. Nicht nur über die Städte, auch über Dörfer und Felder hat sich die Seuche dieses Aberglaubens verbreitet, aber ich glaube, man kann ihr Einhalt gebieten und Abhilfe schaffen.«

18

Plinius, der damals Statthalter in Bithynien war, führt ausdrücklich die große Zahl der Christen an. Was darauf hinweist, daß die neue Religion Anfang des 2. Jahrhunderts allmählich Fuß zu fassen begann.

Als nächster berichtet uns im Jahre 117 n. Chr. der römische Historiker Tacitus über den Brand von Rom unter Nero. Und da heißt es über die angeblich Schuldigen:

»Es waren jene Leute, die das Volk wegen ihrer Schandtaten haßte und mit dem Namen Christen belegte. Dieser Name stammt von Christus, der unter Tiberius vom Prokurator Pontius Pilatus hingerichtet worden war. Dieser verderbliche Aberglaube war für den Augenblick unterdrückt worden, trat aber später wieder hervor und verbreitete sich nicht nur in Judäa, wo er aufgekommen war, sondern auch in Rom, wo alle Greuel und Abscheulichkeiten der ganzen Welt zusammenströmen und geübt werden.«

Kein sehr erfreuliches Bild, das uns die beiden römischen Historiker – zweifelsohne aus Unwissenheit – überliefern.

Bei dem römischen Schriftsteller Sueton aus der Zeit um 120 n. Chr. lautet es kürzer, aber auch nicht besser:

». . . über die Christen, Menschen, die sich einem neuen und gefährlichen Aberglauben ergeben hatten, wurde die Todesstrafe verhängt.«

Auch der jüdische Talmud erwähnt Jesus, nicht ohne Genugtuung, daß der falsche Messias seine Strafe erhalten hat.

»Am Vorabend des Passahfestes hängte man Jesus, den Nazarener. Vierzig Tage lang ging vor ihm der Ausrufer her: ›Jesus von Nazareth soll gesteinigt werden, weil er Zauberei getrieben, Israel verleitet und abtrünnig gemacht hat. Jeder, der etwas zu seinen Gunsten weiß, komme und zeuge für ihn.‹

Aber sie fanden nichts zu seinen Gunsten und hängten ihn am Vorabend des Passahfestes.«

Womit immerhin ein weiterer Beweis für Christi Hinrichtung am Freitag vor Ostern erbracht wäre.

Die Lücke im Leben Jesu

Wie schon erwähnt, schildern nur zwei Evangelien, nämlich Matthäus und Lukas, Jesu Geburt. Matthäus ist chronologisch am ergiebigsten, denn er berichtet vom Kindermord des Herodes, von der Flucht nach Ägypten und schließlich:

»Als aber Herodes gestorben war, erschien der Engel des Herrn dem Joseph im Traume in Ägyptenland. Er sprach: Steh auf und nimm den Knaben und seine Mutter und zieh ins Land Israel; denn gestorben sind, die dem Kind nach dem Leben trachteten. Da stand er auf, nahm den Knaben und seine Mutter und ging ins Land Israel. Da er aber hörte, daß Archelaos in Jerusalem regiere anstelle seines Vaters Herodes, fürchtete er, sich dorthin zu begeben. Doch im Traum empfing er Befehl von Gott und ging nach Galiläa. Als er dorthin kam, wohnte er in einer Stadt mit Namen Nazareth, damit erfüllt ist das Wort der Propheten: Er soll Nazarenus heißen.«

In dieser Zeit muß Jesus ungefähr sechs Jahre alt gewesen sein. Dann schweigen sämtliche Evangelien bis auf Lukas, der uns den zwölfjährigen Jesus im Tempel vorführt.

Diese Lücke läßt sich allerdings reichlich füllen durch Legenden aus den apokryphen Kindheitserzählungen des Thomas. Da ist der rührende Bericht, wie der fünfjährige Jesus an einem Fluß spielte und aus dem feuchten Lehm zwölf Vögel formte. Es war aber leider Sabbat, als er dies tat, und es fand sich ein Denunziant, der zu Joseph lief und sagte: »Heute ist Sabbat, und dein Sohn sitzt am Fluß und entweiht durch seine Arbeit den Feiertag.«

Joseph lief aufgebracht hin und schrie seinen Sohn an: »Warum tust du, was am Sabbat verboten ist?«

Da klatschte Jesus in die Hände, und siehe da, die Vögel wurden lebendig und flogen davon.

Alte Ansicht von Nazareth.
Hier verbrachte Jesus seine Kindheit.
Foto: Lopez

Diese Erzählungen sind nicht immer so harmlos wie die von den Vögeln. In ihnen soll dargetan werden, daß Jesus schon als Kind die Kraft und Macht eines Gottessohnes hatte.

Da wird noch berichtet, daß einmal, als Jesus durchs Dorf ging, ein laufender Knabe hart an seine Schulter stieß. Jesus wurde zornig und sagte: »Du sollst auf deinem Weg nicht weitergehen!« Da fiel der Knabe hin und starb. Einige, die dies mitangesehen hatten, sagten: »Woher stammt dieser Knabe, daß jedes Wort von ihm zur fertigen Tat wird?« Die Eltern des Verstorbenen beklagten sich bei Joseph und meinten, mit einem solchen Kind könne er nicht weiter mit im Dorf wohnen. »Oder lehre ihn, zu segnen und nicht zu fluchen; denn er tötet unsere Kinder.«

Joseph sprach mit seinem Sohn und sagte: »Warum tust du solche Dinge, daß diese Leute leiden müssen und uns hassen und verfolgen?«

21

Jesus antwortete: »Ich weiß, daß diese Worte nicht die deinen sind, trotzdem will ich deinetwegen schweigen. Jene aber sollen ihre Strafe tragen.« Daraufhin erblindeten seine Ankläger. Da gerieten die anderen in große Furcht und sagten ratlos: »Jedes Wort, das er redet, ob gut oder böse, war eine Tat und wurde zum Wunder.«

Es wird dann noch berichtet, daß Joseph ihn gehörig am Ohr zog ... Hier zeigt sich die Löwenpranke eines Allmächtigen, der seine Kraft nach Lust und Laune an den Mitmenschen erprobt. Für den antiken Menschen war dies durchaus akzeptabel, ins spätere Schema der christlichen Lehre paßte es allerdings nicht. So hat Lukas, der aus allen möglichen Quellen schöpfte und auch Bildung genug besaß, solche aufzuspüren, nur die letzte dieser Thomaslegenden in seine Schrift aufgenommen.

Joseph und Maria hatten das Passahfest in Jerusalem verbracht und waren schon auf der Heimreise, als sie ihren Sohn vermißten. Verzweifelt gingen sie nach Jerusalem zurück, wo sie ihn nach dreitägigem Suchen im Tempel mitten unter den Lehrern fanden. Da fragte seine Mutter ihn:

»Mein Sohn, warum hast du uns das angetan? Dein Vater und ich haben dich mit Schmerzen gesucht.«

Er antwortete: »Warum sucht ihr mich? Wißt ihr nicht, daß ich in dem sein muß, was meines Vaters ist?«

Sie verstanden jedoch nicht, was er meinte.

Wir wollen uns jetzt nicht damit aufhalten, ob gerade diese Geschichte aus den Thomaserzählungen wahr ist. Innerhalb der Evangelien ist sie jedenfalls das letzte, was wir von ihm hören, ehe er sozusagen als fertiger Messias wieder auftaucht. Setzt man seine Tätigkeit als herumziehender Prediger auf etwa zwei Jahre an und datiert man seinen Tod in das Jahr 30, so muß er bei seinem nächsten Auftreten mindestens Mitte der Dreißig gewesen sein. Das wären dann rund zweiundzwanzig Jahre, in denen wir nicht das geringste von ihm hören. Nicht einmal die in vieler Weise so ergiebigen Apokryphen helfen uns dabei weiter. Mit

22

dem Bar Mizwa – also vom dreizehnten Lebensjahr an – gilt der jüdische Junge als erwachsener Mann. Nach der Lebenserwartung der Antike war man mit dreißig zwar kein alter, so doch ein gereifter Mann. Die besten Jahre seines Lebens soll nun Jesus unsichtbar gewesen sein, nicht gewirkt, nicht gepredigt haben?

Für diese Lücke im Leben Jesu hat sich eine Erklärung gefunden.

Die Reise eines Abenteurers

Wir müssen nun ein wenig abschweifen und die abenteuerliche Reise eines Menschen verfolgen, der dabei eine erstaunliche Entdeckung machte.

Nikolaus Notowitsch, ein russischer Abenteurer, der Ende des 19. Jahrhunderts mehrere Reisen in abgelegene Gebiete unternahm, schreibt in seinem Buch *»Die Lücke im Leben Jesu«*:

»Seit dem Russisch-Türkischen Krieg (1877–1878) habe ich eine Reihe von Orientreisen unternommen. Nachdem ich alle, auch noch sowenig bemerkenswerten Örtlichkeiten der Balkanhalbinsel besucht hatte, reiste ich mitten durch den Kaukasus nach Zentralasien und Persien, und zuletzt, im Jahre 1887, brach ich nach Indien auf, dem bewundernswürdigen Lande, welches mich seit meiner Kindheit anzog.«

Notowitsch, offenbar mit finanziellen Mitteln reichlich versehen, gelangte so nach Afghanistan, durchquerte das Bolangebirge und reiste dann den Indus aufwärts nach Rawalpindi. Unterwegs beschloß er, angeregt durch Berichte und Erzählungen indischer Buddhisten – was ursprünglich nicht sein Plan gewesen war –, nach Tibet weiterzureisen. In Rawalpindi kaufte er das Nötige für die weite und schwierige Reise ein und mietete eine Tonga, das ist eine von zwei Pferden gezogene zweirädrige Kutsche.

Dann fuhren er und sein Negerdiener durch das Pandschabtal in Richtung Kaschmir. Die schöne, breite Straße durch den

Pandschab war nur allzu schnell zu Ende, und jetzt zog sich der Weg in endlosen Krümmungen die Vorberge des Himalaja hinauf.

Von der hochgelegenen Stadt Mure, einem beliebten Sommeraufenthalt der Engländer, bis nach Srinagar, der Hauptstadt Kaschmirs, konnte man in den Sommermonaten recht gut mit dem Wagen reisen. Notowitsch aber reiste Mitte Oktober und mochte die Wagenfahrt nicht mehr riskieren.

Bis nach vielen Schwierigkeiten die geeigneten Pferde gemietet waren, hatte es zu dämmern begonnen. So ritten Herr und Diener bei finsterer Nacht von etwa 3000 Meter Höhe hinab ins Tal. Dazu überraschte sie noch ein gewaltiger Gewitterregen, so daß die Reiter sich auf den Instinkt ihrer Pferde verlassen mußten und sich ab und zu beim Namen riefen, um einander nicht zu verlieren.

Nach mehrstündigem Ritt erreichten die beiden eines der von den Engländern errichteten Rasthäuser, sprengten, da sich niemand meldete, die Tür und sanken erschöpft auf die vom Wasser durchweichten »Betten«.

Am nächsten Morgen ging es bei sengendem Sonnenschein weiter. Gegen Mittag erreichten sie das Dorf Tong, und Notowitsch mietete in Hori, dem nächsten Ort, einen Wagen, dessen Sitzfläche nur aus einem schmalen Brett bestand. Notowitsch war abends so zerschlagen, daß er am nächsten Tag wieder aufs Pferd umstieg.

Unterwegs lernte er die seltsamen Sitten und Gebräuche der Hindus kennen. Er sah einen Mann in einem Topf Milch kochen und wollte ein Glas Milch kaufen. Er deutete auf den Topf, wonach der Hindu ihm erklärte, nun sei beides – Topf und Milch – verunreinigt, und er müsse es kaufen, denn für ihn sei es nicht mehr zu gebrauchen. Notowitsch achtete den Glauben des andern und bezahlte.

Nach einigen Tagen mühseligen Rittes blickte Notowitsch von einem Hügel aus hinab in das unübersehbar weite Tal von Kaschmir.

»Das Tal von Kaschmir ist ein Kesseltal, dessen Grenzen sich am Horizont verlieren und das überall stark bevölkert ist; es befindet sich mitten in den hohen Himalajabergen. Beim Aufgang und beim Untergang der Sonne kommt die Zone des ewigen Schnees als silberner Ring zum Vorschein, der das reizende und reiche, von so vielen Flüssen und Straßen durchschnittene Plateau umgürtet. Gärten, Hügel, ein See, dessen zahlreiche kleine Inseln mit Bauten von anspruchsvollem Stil bedeckt sind – all das versetzt den Reisenden in eine andere Welt. Es scheint ihm, er brauche nicht mehr weiter zu wandern, denn hier müsse sich das Paradies befinden . . .«

Notowitsch stieg in das paradiesische Tal hinab und wählte für die Reise nach Srinagar den Wasserweg. Am 20. Oktober war er in Srinagar, wo er sechs Tage blieb und lange Ausflüge »in die entzückende Umgebung der Stadt« machte.

Die Bevölkerung des Landes schildert Notowitsch als zerlumpt, verdreckt und heruntergekommen, seit die Engländer es vom Reich des Großmoguls abgetrennt und unter die Herrschaft eines Maharadschas gestellt hatten. Wo früher der Großmogul und zahlreiche Maharadschas den Sommer im reinen kühlen Klima verbrachten, ist jetzt das herrliche Tal »nur noch ein Schlupfwinkel für Bettler«.

Doch Notowitsch wollte nach Tibet und traf seine Vorbereitungen. Er kaufte Konserven, Wein und andere Reiseutensilien, ließ alles in Kisten verpacken, mietete zehn Träger, einen Dolmetscher und bestimmte als Tag der Abreise den 27. Oktober.

Damit begannen die eigentlichen Reiseabenteuer, mit denen verglichen alles andere nur ein Spaziergang gewesen war. Nach mühseliger Besteigung eines Bergrückens hatte die Dämmerung eingesetzt, doch Notowitsch hatte es eilig, mit seinen Trägern noch das Dorf Haiena zu erreichen, da damals die Raubtiere, vor allem Tiger, Panther, Bären und Wölfe, nach Einbruch der Nacht sehr gefürchtet waren.

Als sie den engen, steilen Pfad in völliger Finsternis hinabkletterten, ertönte in der nächsten Nähe ein furchtbares Gebrüll.

Notowitsch hatte sein Gewehr einem Träger übergeben, und gerade, als er fragte, wo es sei, hörten sie den Schrei eines Menschen und Kampfgeräusche. Inzwischen hatte Notowitsch zwar sein Gewehr ergriffen, doch wegen der völligen Dunkelheit sah man nicht die Hand vor Augen. Da kam ihm die Idee, einen Haufen trockenes Gesträuch anzuzünden. So sahen sie, nur etwa zehn Schritte entfernt, einen riesigen Panther über den zerfleischten Körper eines der Träger gebeugt. Noch ehe Notowitsch das Gewehr heben konnte, war das gewaltige Raubtier im Dickicht verschwunden. Schließlich erreichten sie das Dorf Haiena. Notowitsch ließ sein Zelt aufstellen und einen großen Holzhaufen davor in Brand setzen – der einzig sichere Schutz vor den Raubtieren, deren nahes und fernes Geheul die Nacht erfüllte.

Notowitsch ritt dann im Flußtal des Sindh, wo er ein wahres Tierparadies von wilden Schafen, Hirschen und einer unglaublichen Vielfalt von Vögeln vorfand.

Interessant ist sein Bericht, wenn er erzählt, daß man sich in manchen Dörfern weigerte, ihm Pferde zu vermieten.

»Ich ließ dann meine Peitsche spielen, und das flößte den Leuten augenblicklich Achtung und Gehorsam ein. Mein Gold erfüllte denselben Zweck: Es bewirkte eine knechtische Unterwürfigkeit und den Wunsch, meine geringsten Befehle auszuführen. Der Stock und das Gold sind die wahren Beherrscher des Orients; ohne sie hätte selbst der Großmogul keine überwiegende Macht und Gewalt besessen.«

Wir finden hier das typische Denken eines Mannes, der aus einem Land kam, wo damals noch immer die Peitsche regierte.

Besuch im Kloster

Nach Überquerung eines Passes erlegte Notowitsch zwei Bären, deren schwarze Felle er abziehen ließ.

Die Straße führte jetzt ständig bergan, und über eine abenteuerliche Hängebrücke betrat Notowitsch das hochgelegene

Bergland Ladakh. Zur Zeit von Notowitschs Reise war Ladakh ein Teilgebiet von Kaschmir, dessen Maharadscha dort einen Gouverneur residieren ließ. Die Größe des Landes betrug rund 73 000 Quadratkilometer mit etwa 166 000 Einwohnern. Ladakh – zwischen Himalaja und Karakorum gelegen – ist eines der höchsten Bergländer der Erde. Der Ort Tschonglung etwa liegt auf 7675 Metern Höhe. Die Luft ist extrem trocken, das Klima sehr gegensätzlich mit heißen Tagen und frostklirrenden Nächten. Das Land ist durchwegs buddhistisch, und fast jedes Dorf besitzt ein Kloster.

Notowitsch fiel auf, wie selten man dort Frauen antraf, bis er entdeckte, daß dort – wie übrigens auch in Tibet – die Vielmännerei herrschte. Viele der Frauen hatten zwei bis drei Ehemänner, und zwar ganz legal.

Notowitsch reiste von Kargil aus weiter ins Innere des Landes. Oberhalb des Dorfes Wakka lag, an einem hochaufragenden schroffen Felsen geklebt, das Kloster Mulbek. Notowitsch ließ die Pferde zurück und machte sich, nur von seinem Dolmetscher begleitet, zu Fuß auf den Weg. Im Kloster wurde er von einem »sehr dicken Lama« recht herzlich empfangen. Nachdem sie Platz genommen hatten, wurde Tschang, das in jedem Kloster gebraute Bier, gebracht. Der Lama teilte ihm seine Freude mit, nach langer Zeit wieder einen Europäer zu sehen, denn der Besuch von Moslems – so meinte er – sei weniger willkommen. Als Notowitsch nach dem Grund fragte, antwortete der Lama:

»Die Moslems haben mit unserer Religion keinen Berührungspunkt, und noch vor kurzem hatten sie bei ihrem siegreichen Feldzug einen Teil der Buddhisten mit Gewalt zum Islam bekehrt. Es macht uns viele Mühe, diese Moslems, Abkömmlinge von Buddhisten, auf den rechten Weg zurückzuführen.«

Dann sprach der Lama davon, daß die Europäer Monotheisten seien und, nachdem sie selbst die erhabene Lehre Buddhas angenommen hatten, leider einen ganz anderen Weg eingeschlagen hatten.

27

Schließlich kamen sie auf Jesus zu sprechen. Der Lama meinte dazu:

»In der Tat hat Buddha mit seinem rein geistigen Wesen Fleisch angenommen in der geheiligten Person Issas [Jesus], der ohne Anwendung von Feuer und Schwert unsere erhabene und wahre Religion in der ganzen Welt verbreitet hat.«

Notowitsch wollte es genau wissen und fragte:

»Ihr sagtet mir, ein Sohn Buddhas, Issa, der Auserwählte unter allen, hätte eure Religion auf der Erde ausgebreitet. Wer ist denn das?«

Der Lama blickte ihn voll Verwunderung an.

»Issa ist ein großer Prophet, einer der ersten nach den zweiundzwanzig Buddhas; er ist viel größer als irgendeiner von allen Dalai-Lamas, denn er bildet einen Teil des geistigen Wesens unseres Herrn. [. . .] Sein Name und seine Taten sind in unseren heiligen Büchern verzeichnet, und beim Lesen seines edlen Daseins, das inmitten verirrter Völker verfloß, weinen wir über die schreckliche Sünde der Heiden, die ihn mordeten, nachdem sie ihn gefoltert hatten.«

Notowitsch bat seinen Dolmetscher nachdrücklich um seine ganze Aufmerksamkeit, denn dies sei von großer Wichtigkeit.
Nun wollte Notowitsch wissen, wo sich diese Schriften befänden. Der Lama antwortete, daß die meisten dieser Schriften und deren wichtigste sich in Lhasa befänden, fügte aber hinzu, daß einige der großen Klöster Abschriften besäßen.
Notowitsch fragte ihn, ob es in seinem Kloster auch Abschriften gäbe. Nein, sagte der Lama, sein Kloster sei zu klein und unbedeutend. Dann wies er Notowitsch darauf hin, daß man ihm auch in den großen Klöstern vermutlich nichts davon zeigen werde, denn es handle sich um »heilige Dinge«.

28

Damit war dieses seltsame und aufschlußreiche Gespräch beendet. Notowitsch nahm sich fest vor, in Tibet die wichtigsten Klöster zu besuchen, um nähere Aufschlüsse zu erhalten.

Er setzte seine Reise durch das bergige Land fort und erreichte nach einigen Tagen ein Dorf, zu dessen Häupten in schwindelnder Höhe sich ein Kloster an die schroffen Felsen schmiegte. Die Mönche führten eine kleine Herberge für Fremde, und kaum hatte Notowitsch sich auf dem Teppich ausgestreckt, als sich der Raum mit gelbgekleideten Mönchen füllte. Sie überschütteten ihn mit Fragen und luden ihn schließlich ein, das Kloster zu besuchen. Seine Neugierde überwog die Müdigkeit, und Notowitsch kletterte die steilen Treppen hinauf.

Nach einigem Palaver fragte Notowitsch so nebenbei, ob es hier auch Schriften über den Propheten Issa gäbe. Einer der Mönche berichtete, er sei vorher in einem großen Kloster bei Leh (Hauptstadt von Ladakh) gewesen. Dort habe es Tausende von Schriftrollen gegeben. Allmählich wurden die Mönche mißtrauisch. Als Notowitsch dann noch den Namen des Klosters in Erfahrung bringen wollte, lenkten die Mönche ab und verabschiedeten ihren Gast sehr schnell.

Notowitsch reiste am nächsten Morgen weiter und mußte, um das Industal zu erreichen, eine abenteuerliche Schlucht durchqueren.

»Diese Schlucht ist nichts anderes als ein ungeheurer, von einem furchtbaren Erdbeben verursachter Riß, der zwei mächtige Granitfelsmassen gewaltsam auseinandergesprengt hat. In der Tiefe der Schlucht sieht man einen mit Mühe erkennbaren weißen Faden laufen: einen reißenden Wildbach, dessen dumpfes Rauschen den Weg mit geheimnisvollem Gemurmel erfüllt.«

Nach acht Meilen öffnete sich die Schlucht auf das Tal des Indus, den Notowitsch auf einer schwankenden Hängebrücke überschritt.

Im Laufe dieser Reise besuchte Notowitsch noch mehrere Klöster, dabei immer die gleiche Frage stellend. Er erhielt im wesentlichen auch immer die gleiche Auskunft. Die Schriften seien in Lhasa, und nur die ganz großen Klöster besäßen Kopien davon.

Schließlich erreichte er die Hauptstadt Leh, wo es ein kleines Gasthaus für Europäer gab, die von hier zu Jagdexkursionen aufbrachen. In Leh residierte der vom Maharadscha von Kaschmir eingesetzte Gouverneur, doch religiös hing Ladakh an Tibet, dessen Teil es einmal gewesen war.

Im Himis Gonpa

In Leh erkundigte sich Notowitsch sofort nach großen, in der Nähe gelegenen Klöstern und erhielt die Auskunft, das größte und vornehmste sei Himis Gonpa, nicht weit von der Hauptstadt entfernt. Notowitsch reiste bei Morgengrauen des nächsten Tages dahin ab. Er war besessen von dem Gedanken, die Sache mit den Schriften aufzuklären. Nach einem kurzen Ritt mußte Notowitsch sich mit seinem Dolmetscher zu Fuß auf den Weg machen. Der mächtige Klosterkomplex blickte aus großer Höhe in das liebliche, hier relativ dichtbesiedelte Industal. Notowitsch fand den Abt des Klosters mit seinen Lamas um eine riesige Gebetsmühle versammelt. Es herrschte ein tiefes Schweigen im Klosterhof, alle schienen auf etwas zu warten.

Notowitsch war genau zum Beginn einer religiösen Festlichkeit erschienen, die jetzt ihren Anfang nahm. Bei den ersten Tönen einer fremdartigen dumpfen Musik traten etwa zwanzig maskierte Mönche aus den umliegenden Türen ihrer Zellen. Sie waren als phantastische Tiere und Dämonen verkleidet, ihre Gesichter mit Totenkopfmasken bedeckt. Sie formierten sich zu einem kultischen Tanz mit weiteren Mönchen, die aus verschiedenen Türen hervorkamen und kupferne Masken trugen. Ein Lama erklärte Notowitsch, daß die Maskierten Götter, Halbgötter, Menschen, Tiere, Geister und Dämonen darstellten.

Notowitsch beschrieb den ganzen Ablauf dieses Kultfestes ausführlich, da dies aber keine Schilderung religiöser lamaistischer Bräuche ist, müssen wir das Fest leider verlassen. Trotz seiner ausführlichen Beschreibung bemerkt Notowitsch, daß dieses Spektakel ihn schrecklich gelangweilt habe.

Nach dem stundenlangen Ausharren während des Schauspiels fand Notowitsch einen altehrwürdigen Oberlama, der sich bereit erklärte, einige Fragen zu beantworten. Nach einer ausführlichen, ins Detail gehenden Erklärung zu dem religiösen Fest stellte Notowitsch die ihn allein bewegenden Fragen.

»Bei einem Besuch, den ich kürzlich einem Gonpa [Kloster] abstattete, sprach einer der Lamas mit mir von einem Propheten oder wie Ihr ihn nennt, von einem Buddha namens Issa. Solltet Ihr nicht etwas haben, um mich über sein Leben zu unterrichten?«

Der Lama antwortete ohne Zögern, daß Issas Name unter den Buddhisten sehr geachtet, doch eigentlich nur den höheren Lamas bekannt sei. Es habe eine Unzahl Buddhas gegeben, und über sie gäbe es hier im Kloster 84 000 Schriften. Doch nur sehr wenige hätten einen geringen Teil davon gelesen. Tatsächlich befänden sich auch Schriften über das Leben des Buddha Issa darunter, der in Palästina und Indien seine Lehre verkündete.

Dann erklärte der Lama, wie der Buddhismus das Auftreten dieses Propheten sehe. Er sprach vom »großen Buddha, der Seele des Weltalls«.

»Fast immer bleibt er in vollkommener Ruhe, er umfaßt alle Dinge, vom Ursprung der Wesen an, in sich, und sein Atem belebt die Welt. Er hat den Menschen seinen eigenen Kräften überlassen. Zu gewissen Zeitpunkten tritt er indessen aus seiner Untätigkeit heraus und kleidet sich in eine menschliche Gestalt, um den Versuch zu machen, seine Geschöpfe dem unheilbaren Verderben zu entreißen.«

Dann erklärte der Lama das Auftreten der verschiedenen Buddhas im Laufe der letzten dreitausend Jahre, um dann zu Notowitschs Thema zu kommen.

»Vor etwa zweitausend Jahren brach das vollkommene Wesen seine Untätigkeit wiederum auf einige Zeit ab. Es nahm Fleisch an in dem Neugeborenen einer armen Familie, es wollte, daß der

Mund eines Kindes unter Anwendung populärer Bilder die Unglücklichen über das Leben jenseits des Grabes aufklärte und die Menschen auf den Weg des Wahren zurückführte, indem es ihnen durch sein eigenes Beispiel die Bahn andeutete, welche sie am besten zur ursprünglichen sittlichen Reinheit leiten könnte. Als das heilige Kind ein gewisses Alter erreicht hatte, brachte man es nach Indien, wo es, bis es ein Mann geworden war, alle Gesetze des großen Buddha studierte, der ewig im Himmel wohnt.«

Notowitsch spürte, daß der Lama die Unterhaltung abschließen wollte, da er seine kleine Gebetsmaschine in Gang brachte.

Er stand also höflich auf und fragte abschließend noch: »In welcher Sprache sind die wichtigsten Schriften in bezug auf das Leben Jesu abgefaßt?«

Der Lama antwortete, sie seien in der Palisprache abgefaßt und befänden sich jetzt in Lhasa. Eine Abschrift in Tibetanisch allerdings gäbe es hier im Kloster. Notowitsch fragte, ob Issa hier in Tibet im Ruf eines Heiligen stehe.

Das Volk, sagte der Lama, wisse von Issas Existenz nichts. Ihn kennen nur die großen Lamas, weil diese die entsprechenden Schriftrollen studiert hätten. Weil aber Issas Verehrer die Autorität des Dalai-Lama nicht anerkennen, zähle man diesen Propheten nicht gerade zu den wichtigsten Heiligen.

Notowitsch fragte: »Würdet Ihr eine Sünde begehen, die betreffenden Schriften einem Fremden vorzulesen?«

»Was Gott gehört«, sagte der Lama, »gehört auch den Menschen, doch ich weiß nicht, wo diese Papiere sich jetzt befinden. Solltet Ihr unser Gonpa einmal wieder besuchen, würde es mich freuen, sie Euch zu zeigen.«

In diesem Augenblick traten zwei Mönche ins Zimmer, die den Lama zu einer religiösen Zeremonie abholten.

Notowitsch blieb nichts übrig, als in das zur Verfügung gestellte Gastzimmer zu gehen und sich schlafen zu legen.

Am nächsten Abend war er in Leh zurück und überlegte, auf welche Weise er das Kloster ein zweites Mal besuchen könne. Einige Tage später sandte er dem Abt des Klosters ein Geschenk, das aus einem Wecker, einem Thermometer und einer Taschenuhr bestand. Er legte ein Schreiben bei, in dem er die Hoffnung ausdrückte, vor seiner Abreise aus Ladakh ihn noch einmal besuchen zu können, um dann vielleicht Einsicht in das bewußte Buch nehmen zu dürfen.

Notowitsch hatte den Plan, nach Kaschmir zu gehen und von dort später wieder Ladakh aufzusuchen.

Auf dieser Reise stürzte Notowitsch beim Kloster von Piatak vom Pferd und brach sich das rechte Bein unterhalb des Knies. Spontan faßte er den Entschluß, sich in Himis Gonpa gesundpflegen zu lassen.

Nach einer sehr schmerzvollen Tagesreise erreichte er am späten Abend das Kloster.

Die Mönche waren eifrig bemüht, ihrem kranken Gast – der sein Bein selber geschient hatte – zu helfen.

Während Notowitsch gehunfähig im Bett lag, bat er den Abt, ihm doch mittlerweile das Studium der entsprechenden Schriften über Jesus zu gestatten. Nach langen Bitten brachte der Lama zwei dicke, in Pappe gebundene Bücher, aus denen er selbst die Lebensbeschreibung Jesu vorlas. Der Dolmetscher mußte sie Satz für Satz übersetzen, und Notowitsch schrieb sie nieder.

Schon drei Tage später – des nahenden Winters wegen – verließ er das Kloster und reiste über Kaschmir nach Indien.

»Das waren zwanzig Tage einer langsamen Reise, voll von unerträglichen Leiden.«

Erst in Bombay konnte er sich gründlich ausheilen und dann die Heimreise antreten.

Damit werden wir von Nikolaus Notowitsch, dem russischen Abenteurer und Reisenden, Abschied nehmen.

Notowitsch hat die übersetzten Texte in eine gewisse Ordnung gebracht und in Kapitel eingeteilt. Wir müssen allerdings auch bedenken, daß der Dolmetscher vielleicht einige Fehler machte, auch daß Notowitsch nach eigenem Ermessen umformulierte, vielleicht sogar Ergänzungen vornahm.

Trotz alledem, es bleibt der erstaunliche Bericht von Jesu Reise durch Persien, Indien und das Himalajagebiet. Damit wäre für die rund zwanzig fehlenden Jahre im Leben Jesu eine Erklärung gefunden. Und nicht nur das. Auf dieser langen Reise lernte Jesus in Persien und im Himalaja verschiedene Elemente der zoroastischen Religion und des Buddhismus kennen, die offenbar nicht ohne Einfluß auf seine eigene Lehre geblieben sind. Natürlich kam er auch in Berührung mit dem Hinduismus, einer Religion, die damals schon uralt war. Seiner ganzen Einstellung nach mußte Jesus diese Religion ablehnen, und aus dieser Abneigung hat er kein Hehl gemacht.

Nun noch ein kurzes Wort zu seiner Reise. In Gesprächen über dieses Thema habe ich oft die Ansicht gehört, so weit sei damals kein Mensch gereist, allein deshalb sei diese Theorie schon abzulehnen.

Falls dieser Übersetzung von Notowitsch in allen Punkten zu trauen ist, muß Jesus in Indien viele tausend Kilometer herumgereist sein. Er hatte dazu jedoch mindestens fünfzehn Jahre Zeit und wird die Strecke gemächlich wandernd zurückgelegt haben. Kaufleute, die ein bestimmtes Ziel hatten und bei denen Zeit auch Geld bedeutete, haben dieselben Wege vermutlich wesentlich schneller hinter sich gebracht.

Nennen wir außerdem zwei Beispiele für weite Reisen zu jener Zeit. Die Missionsreisen des »Heidenapostels« Paulus umfassen insgesamt vielleicht eine weitere Strecke, als Jesus sie auf seiner Wanderschaft nach Indien zurückgelegt hat. Paulus bereiste Arabien, Zypern, Kleinasien, Griechenland, Italien, Spanien – und einige dieser Länder mehrmals.

Als zweites Beispiel möchte ich Apollonius von Tyana nennen. Dieser Prediger ist heute ziemlich vergessen, doch in seiner Zeit – und er wurde um die hundert Jahre alt – war er jedem Gebildeten bekannt. Als neupythagoreischer Philosoph bereiste er die ganze damalige zivilisierte Welt. Er war ungefähr gleichaltrig mit Jesus und erregte in seiner Zeit ein solches Aufsehen, daß noch die Kaiser Caracalla, Aurelian und Alexander Severus Münzen auf sein Andenken prägen ließen. Besonders in Griechenland und Kleinasien wurden ihm Statuen, Altäre und Tempel errichtet. Er hatte keine eigentliche Lehre zu verkünden, wurde aber damals und später von Gegnern des Christentums neben oder über Jesus gestellt. Er starb etwa hundertjährig während der Herrschaft des Kaisers Nerva in Ephesos. Auch seine Reisen dürften Jesu Reise nach Indien um ein ziemliches übertreffen. Diese zwei Beispiele zeigen, daß Jesu Reise, die sich über viele Jahre hinzog, durchaus nicht ungewöhnlich war.

Der tibetanische Bericht über Issa beginnt schon mit der ägyptischen Sklaverei der Juden und erzählt den Zug ins gelobte Land unter Moses. In Kapitel IV wird dann berichtet, wie Jesus zur Welt kam, wie und warum er seine Reise antrat. Ich zitiere wörtlich nach Notowitschs Notizen:

»In jener Zeit erschien der Augenblick, den der Richter voller Gnadenhuld ausersehen hatte, um Fleisch anzunehmen in einem menschlichen Wesen.

Und der Ewige Geist, welcher sich in einem Zustand vollständiger Ruhe und höchster Glückseligkeit befand, wachte auf und trennte sich auf unbestimmte Dauer von seinem Ewigen Wesen.

Auf daß er, unter menschlicher Gestalt erscheinend, die Mittel kundgebe, der Gottheit gleich zu werden und zur ewigen Seligkeit zu gelangen.

Damit er durch sein Beispiel zeige, wie man zur sittlichen Reinheit gelangen und die Seele von ihrer groben Hülle loslösen könne, daß sie die Vollkommenheit zu erreichen vermöge, deren sie bedarf, um einzugehen in das Himmelreich, welches unwandelbar ist und worin das ewige Glück herrscht.

Bald darauf wurde ein wunderbares Kind geboren im Lande Israel; Gott selbst sprach durch den Mund dieses Kindes von den Armseligkeiten des Leibes und von der Erhabenheit der Seele.

Die Eltern des Neugeborenen waren arme Leute; sie gehörten durch ihre Geburt einer Familie an von ausgezeichneter Frömmigkeit, welche ihre ehemalige Hoheit auf Erden vergaß, um den Namen des Schöpfers zu preisen und ihm Dank zu sagen für die Mißgeschicke, mit denen sie zu prüfen ihm gefiel.

Um sie zu belohnen, weil sie sich nicht hatte abwenden lassen vom Wege der Wahrheit, segnete Gott den Erstgebornen dieser Familie; er erkor denselben zu seinem Auserwählten und sandte ihn, um jene zu stützen, welche gefallen waren in das Übel, und um zu heilen jene, welche Leiden erduldeten.

Und der göttliche Knabe, dem man den Namen Jesus gab, begann von seinen zartesten Jahren an vom einigen und unteilbaren Gott zu sprechen; er ermahnte die verirrten Seelen, zu bereuen und sich zu reinigen von den Sünden, deren sie sich schuldig gemacht hatten.

Man kam von überall her, ihn zu hören, und man verwunderte sich über die Reden, welche hervorgingen aus seinem kindlichen Munde; alle Israeliten sagten übereinstimmend, der Ewige Geist wohne in diesem Kinde.

Als Jesus das Alter von dreizehn Jahren erreicht hatte, den Zeitpunkt, wo ein Israelit eine Ehefrau nehmen soll, fing das Haus, worin seine Eltern mittelst bescheidener Arbeit ihren Lebensunterhalt gewannen, an, ein Versammlungsort zu werden für die reichen und vornehmen Leute. Sie wollten den jungen Jesus, bereits berühmt durch seine erbaulichen Gespräche im Namen des Allmächtigen, zum Schwiegersohn haben.

Damals geschah es, daß Jesus heimlich das Haus seiner Eltern verließ, hinausging aus Jerusalem und sich nach dem Sindh begab mit Kaufleuten in der Absicht, sich zu vervollkommnen im göttlichen Wort und zu forschen in den Gesetzen der großen Buddhas.«

Interessant ist in diesem Zusammenhang, welches Gewicht auf die Kindheit Jesu gelegt wird. Man schildert ihn als fertigen Prediger, der schon vor seinem dreizehnten Lebensjahr eine Art Mittelpunkt darstellte und sein Haus zum Versammlungsort für die reichen und vornehmen Leute machte. Man spürt aus der ganzen Diktion dieser Beschreibung, daß sie von buddhistischem Geist durchdrungen ist. Dies beweist schon der Anfang: »Und der Ewige Geist, welcher sich in einem Zustand vollständiger Ruhe und höchster Glückseligkeit befand, wachte auf und trennte sich auf unbestimmte Dauer von seinem Ewigen Wesen.«

Dieser für Christen etwas fremd anmutende Text erwähnt einen »Ewigen Geist«, der im Grunde nicht das geringste mit dem persönlichen Gott der Juden zu tun hat.

Wir dürfen eines nicht vergessen: Was immer Jesus auf seinen langen Reisen durch den Nahen und Fernen Osten gepredigt hat – Buddhisten haben es niedergeschrieben und mit ihrer Weltsicht, ihrem Geist durchdrungen.

Die Reise nach Osten

»Im Laufe seines vierzehnten Jahres kam der junge Jesus, gesegnet von Gott, diesseits nach dem Sindh, und er ließ sich nieder unter den Arya in dem von Gott geliebten Lande.«

Da im weiteren Bericht häufig geographische Angaben gemacht werden und sicherlich die wenigsten Leser über indische Provinzen Bescheid wissen, muß ich den geschilderten Reiseweg Jesu mit entsprechenden Erklärungen unterbrechen.

Auf der Hinreise beginnt der Bericht gleich mit der indischen Landschaft Sindh, während die Begegnung mit Persien und der zoroastrischen Religion erst auf der Rückreise geschildert ist.

Wir dürfen nicht vergessen: Auf der Hinreise – und dies kommt deutlich zum Ausdruck – war Jesus noch ein Lernender, auf der Rückreise jedoch wird er als Lehrender geschildert.

Der Sindh ist eine Provinz im Nordwesten von Indien, begrenzt vom Arabischen Meer, Belutschistan und den Wüsten von Radschasthan. Der Bericht nennt die Einwohner »Arya«, also Arier, was nur bedingt zutrifft, denn ihre Sprache gehört zwar zum arischen Stamm, ist aber heute stark mit persischen und arabischen Worten vermischt und scheint sich auf nichtarischen Ursprung zu gründen.

Der im Deutschen ziemlich belastete und irreführend gebrauchte Begriff »Arier« gilt hier nur für die Sprache – ohne jeden rassischen Bezug.

»Das Gerücht verbreitete den Namen des wunderbaren Knaben entlang dem nördlichen Sindh; und als derselbe durch das Land der fünf Ströme und das Radschiputan reiste, da baten ihn die eifrigen Diener des Gottes Dschain, unter ihnen Wohnung zu nehmen.

Er aber verließ die irregeleiteten Verehrer Dschains und ging gen Dschagarnat in die Gegend von Orsis, wo die sterbliche Hülle des Biassa-Krishna ruht und wo die weißen Priester Brahmas ihm einen freudigen Empfang bereiteten.

Sie lehrten ihn, die Vedas zu lesen und zu verstehen, zu heilen mit Hilfe von Gebeten, die Heilige Schrift zu lehren und sie dem Volke auszulegen, den bösen Geist auszutreiben aus dem Körper eines Menschen und ihm die menschliche Gestalt wiederzugeben.«

Bei den hier erwähnten »eifrigen Dienern des Gottes Dschain« handelt es sich um eine erstmals im 3. Jahrhundert v. Chr. erwähnte Sekte. Sie wurde angeblich von Mahawira, einem Zeitgenossen Buddhas, begründet und steht – wie der Buddhismus – in Gegnerschaft zu den Hindus. Heute ist diese Glaubensform sehr weit im Westen und Nordwesten sowie in allen größeren Städten Indiens verbreitet und hat sich wiederum in zwei Sekten aufgespalten, die sich aber nicht wesentlich voneinander unterscheiden. Da ihrer Lehre nach die Seele auf ihrer Wanderung durch die Existenzen auch an das niedrigste Tier gefesselt sein kann, verbietet dieser Glaube sogar das Töten von Fliegen.

Jesus jedenfalls lehnte diesen Glauben an zahllose Wiedergeburten kategorisch ab und ging nach »Dschagarnat in die Gegend von Orsis«.

Dschagarnat ist ein Beiname des Gottes Vishnu-Krishna, dessen prachtvoller Tempel bei Puri in der Provinz Orissa (Orsis) steht. Noch heute ist dieser Tempel eine der besuchtesten Pilgerstätten von ganz Indien. Sie ist Dschagarnat geweiht, einer der Formen Vishnus als Krishna, und dürfte auch zur Zeit von Jesus schon von großer Bedeutung gewesen sein. Man muß sich immer wieder vor Augen halten, wie alt der Hinduismus eigentlich ist. Er ist eine Religion ohne Stifter, das heißt, er verdankt seine Entstehung den verschiedensten Einflüssen, auf die ich hier nicht näher eingehen kann. Jedenfalls läßt sich mit Fug und Recht behaupten, daß es im 5. Jahrhundert v. Chr. den Hinduismus in seinen wesentlichen Formen schon gegeben hat. Seine Vorformen, der sogenannte Vedismus und die ihn beeinflussenden animistischen Religionen, reichen bis ins 2. Jahrtausend v. Chr. zurück.

Wie wir aus dem obigen Text ersehen, lernte Jesus, die Veden zu lesen, das sind die alten heiligen Schriften, in denen der Hinduismus hauptsächlich wurzelt. Daß diese zum Teil seinen eigenen Vorstellungen entgegenkamen, läßt sich aus der folgenden Textprobe ersehen, die aus den Dharma-Sutras stammt, einem in kurze Lehrsätze gefaßten Teil der Veden. Es geht um die Regeln für einen Asketen:

»Er soll kein Lebewesen verletzen, nicht lügen, sich nicht das Gut eines anderen aneignen, er soll enthaltsam leben und freigebig sein. Die vier kleineren Gelübde lauten: Sich des Zornes enthalten, dem Guru [Lehrmeister] gehorchen, Hast und Überstürzung meiden, auf Sauberkeit und Reinheit in der Nahrung achten.«

Später heißt es dann, wenn der Asket vom Betteln zurückkommt: »Dann lasse er Mitleid walten, gebe den Lebewesen einen Teil seiner Nahrung . . .«

Diesen Teil der Lehre konnte Jesus gutheißen, doch das Kastenwesen der Hindus stieß ihn ab.

»Sechs Jahre verbrachte er in Dschagarnat, in Radschagriha, in Benares und in den anderen heiligen Städten; jedermann liebte ihn, denn Jesus lebte in Frieden mit den Véises und den Sudras, welche er unterrichtete in der Heiligen Schrift. Aber die Brahmanen und die Kschatrias sagten ihm, der große Para-Brahma verböte ihnen, sich solchen zu nähern, welche er erschaffen habe aus seinem Unterleib und seinen Füßen. Nur die Véises seien berechtigt, die Lesung der Vedas anzuhören, und das bloß an den Festtagen. Es sei den Sudras nicht allein untersagt, der Vorlesung der Vedas beizuwohnen, sondern sogar sie anzuschauen; denn ihr Beruf sei es, ununterbrochen und als Sklaven den Brahmanen zu dienen, den Kschatrias und selbst den Véises.

›Einzig der Tod kann sie befreien von ihrer Knechtschaft‹, hat Para-Brahma gesagt. ›Verlasse sie also und komme, mit uns die Götter anzubeten, die sich erzürnen werden über dich, wenn du ihnen nicht gehorchst.‹

Doch Jesus hörte nicht auf ihre Reden; denn er predigte sofort bei den Sudras gegen die Brahmanen und Kschatrias. Er lehnte sich mächtig auf gegen die Tatsache, daß ein Mensch sich anmaße, seinesgleichen der Menschenrechte zu berauben.

›Wahrlich‹, sagte er, ›Gott der Vater stellt keinen Unterschied auf zwischen seinen Kindern, die ihm alle gleich lieb sind.‹

Jesus verneinte den göttlichen Ursprung der Vedas und der Puranas; ›denn‹, so unterwies er jene, welche ihm nachfolgten, ›ein Gesetz ist gegeben dem Menschen, um ihm den Weg zu weisen bei seinen Handlungen: Fürchte deinen Gott, beuge deine Knie nur vor ihm allein, und nur ihm allein bringe Opfer dar, welche von deinem Gewinn herstammen‹.

Jesus verneinte die Trimurti und die Fleischwerdung Para-Brahmas in Vishnu, Schiwa und anderen Göttern. ›Denn‹, sagte er, ›der ewige Richter, der Ewige Geist bilden die einzige und unteilbare Weltseele, welche allein das All erschafft, erhält und lebendig macht.‹«

Die Sudra war damals die niedrigste der vier Hauptkasten und bestand aus Handwerkern, Tagelöhnern, Dienern usw. Als Jesus sich auf die Seite der Sudras und damit gegen die Brahmanen stellte, erregte er deren Zorn.

»Betet keine Götzen an, denn sie hören euch nicht, hört nicht auf die Vedas, in denen die Wahrheit verfälscht ist, haltet euch nicht überall für die ersten, und erniedrigt nicht euern Nächsten. Helft den Armen, unterstützt die Schwachen, tut keinem Böses – wer es auch sei –, laßt euch nicht gelüsten nach dem, was ihr nicht habt, und nach dem, was ihr bei den anderen seht.«

Auf diese ketzerischen Predigten hin wollten die beiden ersten Kasten, die Brahmanen und die Kschatrias (Krieger), sich Jesus als Aufrührer und Irrlehrer vom Hals schaffen.

»Als die weißen Priester und die Krieger Kenntnis erhielten von den Reden, welche Jesus vor den Sudras hielt, da beschlossen sie seinen Tod. Und in dieser Absicht schickten sie ihre Diener aus, um den jungen Propheten zu suchen. Jesus aber, gewarnt vor der Gefahr durch die Sudras, verließ nächtlicherweise das Gebiet von Dschagarnat, gewann das Gebirge und blieb im Lande der Gautamiden, wo geboren war der große Buddha Sakyamuni, inmitten des Volkes, das den einzigen und erhabenen Brahma anbetete. Und nachdem er die Palisprache vollkommen erlernt hatte, widmete sich der gerechte Jesus dem Studium der heiligen Rollen Sutras.

Sechs Jahre danach konnte Jesus, welchen der Buddha auserwählt hatte, sein heiliges Wort verbreiten, die geweihten Rollen vollständig auslegen. Dann verließ er Nepal und das Himalajagebirge, stieg hinab in das Tal von Radschiputan und wandte sich gen Westen, wo er verschiedenen Völkern über die höchste Vollkommenheit des Menschen predigte.«

Der obige Text bedarf kaum einer Erläuterung. Wir erfahren, daß Jesus fliehen mußte, und zwar ging er von Bengalen nach Norden ins Land der »Gautamiden«, also der Anhänger Buddhas. Dieser stammte bekanntlich aus der Familie eines kleinen Gaufürsten namens Sakya. Eigentlich hieß der junge Prinz Siddhartha, doch seine frühe Neigung zu Kontemplation und Einsiedelei brachte ihm den Namen »Sakya-Muni«, also »Einsiedler der Sakya«. Jesus erlernte die Sprache des Landes und drang in Buddhas Lehre ein, die damals wohl noch wesentlich mehr Ursprüngliches enthielt als heute. Im Grunde stellt der heute in Tibet und Ceylon gepflegte Buddhismus einen Rückschritt dar. Im Laufe der Jahrtausende hat sich die von Buddha gegründete reine Lehre mit den schon bestehenden Formen des Animismus und Hinduismus verknüpft. Buddhas Lehre ist nämlich eine Religion ohne Gott. Mittlerweile aber wimmelt es vor Göttern und Dämonen, und Buddha selber thront sozusagen als Obergott über dem Ganzen. Das aber ist das Schicksal aller Hochreligionen: Sie entarten und verändern sich im Laufe der Zeit durch die verschiedensten Einflüsse derart, daß ihre Gründer sie nicht wiedererkennen würden. Wir dürfen auf jeden Fall annehmen, daß zu Jesu Lebzeiten der Buddhismus noch in wesentlich ursprünglicherer Form existierte.

Im folgenden Kapitel seien einige Beispiele aufgeführt, wieviel Gemeinsames sich Christentum und Buddhismus bis heute bewahrt haben. Es wäre Aufgabe des Schulunterrichts, sich endlich einmal zu einem »Unterricht in Religionen« durchzuringen, anstatt an dem bisherigen, einseitig geprägten und oft tendenziösen »Religionsunterricht« festzuhalten. Niemand soll deshalb der eigenen Religion abspenstig gemacht werden, doch es erweitert sich der Gesichtskreis. Toleranz und Verständnis für andere Völker und Sitten hat niemand so bitter nötig wie das in eigenen Vorurteilen befangene christliche Abendland.

Jesus bei den Buddhisten

Es liegt auf der Hand, daß die Lehre Buddhas das höchste Interesse von Jesus erregte und offenbar auf sein späteres Wirken nicht ohne Einfluß geblieben ist. Er hat, wie wir hörten, die Palisprache erlernt und sich sechs Jahre mit der Lehre des Gautama befaßt. Wir werden an den folgenden Beispielen sehen, daß diese Regeln den Ansichten und Empfindungen von Jesus sehr nahe kamen und er sie in ähnlicher Form in seinen späteren Predigten vertrat.

Buddha sagte: »Es ist die schwerste Tugend, den Reichtum wegzugeben, und doch darf der Reiche nicht sein Herz an die Güter der Welt hängen, auch nicht an Weib und Kind.«

In Lukas 14,26 und Matthäus 19,29 finden wir mit anderen Worten das gleiche Gebot.

»Und ein jeder, der verlassen hat Haus oder Brüder oder Schwestern oder Vater oder Mutter oder Weib oder Kinder oder Äcker um meines Namens willen . . .«

Bei Buddha heißt es: »Es ist schwer, reich zu sein und den Weg zu lernen.«

In Matthäus 19,23: »Wahrlich, ich sage euch, ein Reicher wird schwer ins Himmelreich eingehen.«

Jesu Wort in Lukas 6,27–29 lautet: »Liebet eure Feinde, tut Gutes denen, die euch hassen. Segnet, die euch fluchen, und betet für die, die euch verleumden. Und wer dich auf die Wange schlägt, dem biete auch die andere dar . . .«

In Buddhas Lehre lesen wir fast wortwörtlich das gleiche: »Er schilt nicht, welcher ihn schilt, erwidert nicht Zorn mit Zorn, Beschuldigung mit Beschuldigung, Schläge mit Schlägen.« Auch das bekannte »Du sollst deinen Nächsten lieben wie dich selbst« hat seine Entsprechung in: »Denn was lebt, nie zu verletzen und stets rein gesinnt Gutes tun gleich wie dem eigenen Selbst, auch anderen.«

Wie Jesus hat Buddha auch zahlreiche Wunder vollbracht und wie dieser vor allem leidende Menschen von ihren Übeln befreit. Buddha wird mit den Worten gepriesen:

»Weil die Blinden sogar sehen, weil die Tauben die Töne vernehmen und selbst die Wahnsinnigen ihren Verstand wiederfinden, wird er geehrt werden durch Heiligtümer auf Erden . . .«

Es ließen sich noch zahlreiche Beispiele von ähnlichem oder gleichem Gedankengut anführen. Der Buddhismus ist die einzige vorchristliche Religion mit einer solchen Vielfalt innerer und äußerer Gemeinsamkeiten, daß dies kein Zufall mehr sein kann.

Zuletzt sei noch eine große Gemeinsamkeit angeführt, die Christentum und Buddhismus verbindet. Es gibt sie nicht im Hinduismus, nicht bei den Juden, und im Islam hat sie eine eher kriegerische Auslegung – es geht um das Gebot des Missionierens.

In Markus 16,15 sagt Jesus: »Gehet hin in alle Welt und predigt das Evangelium aller Kreatur.«

Auch der Buddhismus hat, wie viele Schriftstellen beweisen, eine Weltmission befürwortet. König Aschoka, der Konstantin des buddhistischen Indiens, war ein besonders eifriger Verfechter dieses Gebotes. Im 3. vorchristlichen Jahrhundert berief er Konzile ein, und in Inschriften wird von zahlreichen Missionaren berichtet, die der König aussandte. Auch in den Sutras – den heiligen Schriften – werden jedem »viele Vorteile und Segnungen für alle Ewigkeit« verheißen, der nur ein Wort der Lehre den Fremden, also den Nichtgläubigen, vermittelt.

Es muß allerdings auch gesagt werden, daß vor allem ein Hauptunterschied die beiden Religionen trennt. Das Ziel des Buddhismus ist es, am Ende in absoluter Wunschlosigkeit ins Nirwana einzugehen.

Es wäre nun leichtsinnig, dieses Wort – wie allgemein üblich – mit »Nichts« zu übersetzen. Der Buddhismus sieht im Nirwana die ewige selige Existenz, vereint mit der Weltseele, also kein bewußtes individuelles Fortleben, wie es das Christentum versteht. Hier löst sich die Seele des Guten vom Körper und geht – ohne Gefahr der Wiedergeburt – in den Himmel ein, um dort in ewiger Glückseligkeit Gott und seine Engel zu schauen.

Für die meisten westlichen Menschen ist der Buddhismus nicht oder nur schwer nachzuvollziehen, trotz der hier geschilderten erstaunlichen Gemeinsamkeiten mit dem Christentum. Ohne Zweifel ging Jesus später seinen eigenen Weg, und es wäre verfehlt, in ihm einen Epigonen des Buddhismus zu sehen. Trotzdem läßt sich sagen, daß Jesus im buddhistischen Nordindien am meisten gelernt, aufgenommen und manches davon für seine eigene Lehre verwendet hat.

Gegen den Hinduismus

Ob Jesus schon damals Kaschmir besuchte, ist nicht sicher, doch mag er immerhin erfahren haben, daß dort im äußersten Norden des Landes seit vielen Generationen Landsleute von ihm lebten – Teile der verschollenen Stämme Israels. Doch davon später. Jesus predigte in Indien vor allem gegen die Verehrung von Bildwerken und die Seelenwanderung. Bei Notowitsch heißt es dazu:

»›Überdies ist es unvereinbar mit dem menschlichen Gewissen, die Größe und Reinheit Gottes geringer zu halten als die von Tieren oder von Menschenhand ausgeführten Werke in Stein oder Metall. Der ewige Gesetzgeber ist Eins, es gibt keine anderen Götter außer ihm. Er hat mit niemandem die Welt geteilt noch irgendwem seine Absichten kundgegeben. Gleichwie ein Vater handeln würde gegen seine Kinder, ebenso wird Gott die Menschen richten nach ihrem Tode gemäß seinen barmherzigen Gesetzen. Niemals wird er sein Kind erniedrigen, daß er dessen Seele in den Körper eines Tieres einwandern läßt als in einen Reinigungsort.‹

Der Schöpfer sprach durch Jesu Mund: ›Es läuft wider das göttliche Gesetz, einer Bildsäule oder einem Tier Menschenopfer darzubringen; denn ich habe dem Menschen alle Tiere untertänig gemacht und alles, was die Welt einschließt.‹«

Dies erregte natürlich den heiligen Zorn der Hindupriester, um so mehr, als Jesus Anhänger zu gewinnen schien. Die Priester versuchten, ihm Fallen zu stellen, als sie ihn aufforderten, Wunder zu tun. Jesus tat ihnen diesen Gefallen allerdings nicht.

»Die Worte Jesu hatten sich ausgebreitet unter den Heiden inmitten der Länder, welche er durchreiste, und die Einwohner verließen ihre Götzen. Als solches die Priester sahen, da begehrten sie von ihm, der den Namen des wahren Gottes verherrlichte, er solle in Gegenwart des Volkes die Vorwürfe beweisen, welche er ihnen zur Last legte, und die Nichtigkeit der Götzen dartun. Und Jesus antwortete ihnen:

›Wenn eure Götzen und eure Tiere mächtig sind und in der Tat eine übernatürliche Gewalt besitzen, so sollen sie mich auf der Stelle zerschmettern!‹

›Wirke doch du ein Wunder‹, erwiderten sie ihm, ›und dein Gott soll die unsrigen schamrot machen, falls sie ihm Abscheu einflößen.‹

Darauf sagte Jesus: ›Die Wunder unseres Gottes haben angefangen, sich zu vollziehen seit dem ersten Tage, da die Welt geschaffen wurde. Sie finden statt an jedem Tag und in jedem Augenblick, und wer sie nicht sieht, ist einer der schönsten Gaben des Lebens beraubt. Und nicht gegen völlig leblose Stücke Stein, Metall oder Holz wird der Zorn Gottes sich auslassen, sondern er wird auf die Menschen zurückfallen, welche, um ihr Heil zu erwirken, alle Götzenbilder zerstören müßten, die sie aufgerichtet haben.‹ [...]

Als die Heiden die Ohnmacht ihrer Priester sahen, da schenkten sie den Worten von Jesus Glauben. Weil sie aber den strengen Zorn Gottes fürchteten, schlugen sie ihre Götzen in Stücke, während die Priester flohen, um der Rache des Volkes zu entgehen. Und Jesus lehrte noch die Heiden, sie sollten sich nicht bemühen, mit ihren eigenen Augen den Ewigen Geist zu schauen, sondern trachten, ihn mit dem Herzen zu empfinden und sich durch eine wahrhaft reine Seele seiner Gunst würdig zu erweisen.

›Nicht allein‹, so sagte er ihnen, ›bringt kein Menschenopfer dar, sondern opfert auch im allgemeinen kein Tier, welchem Leben gegeben worden ist. Denn alles, was erschaffen ist, wurde geschaffen zum Nutzen des Menschen.

Entwendet nicht das Gut eines anderen; denn solches hieße, seinen Nächsten der Dinge zu berauben, die er sich geschaffen hat im Schweiß seines Angesichts. Betrügt niemanden, damit ihr nicht selbst betrogen werdet ...

Ergebt euch nicht der Schwelgerei; denn sie ist eine Verletzung der Gesetze Gottes.‹«

Ein eigentliches Persien existierte damals – seit der Eroberung durch Alexander des Großen – nicht mehr. Jesus berührte auf seinem Rückweg vermutlich Baktrien, Parthien und Medien. Diese drei Länder waren von den siegreichen Parthern seit Arsakes VI. (174–136 v. Chr.) zu einem Großreich zusammengefügt worden. Zu Jesu Lebzeiten herrschte dort König Artabanos III. (10–40 n. Chr.), ein kraftvoller Herrscher, der aber mit den Römern im ewigen Kampf lag, die schon zweimal versucht hatten, einen Gegenkönig einzusetzen. Die vorherrschende Religion in diesem Reich bildeten die Parsen, also die Anhänger der Lehre des Zoroaster, die auch als Mazdaismus bezeichnet wird. Vom Lebenslauf des Religionsstifters ist so gut wie nichts bekannt; sogar das Jahrhundert seines Wirkens war umstritten. Nach neuester Forschung wurde das Jahr 569 v. Chr. als Geburtsjahr ermittelt. Auch seine Heimat ist unsicher. Die einen suchen sie im heutigen Afghanistan, die anderen im Nordwesten des Iran. Zoroasters Lehre besteht – in ganz einfachen Zügen dargestellt – darin, daß die Gottheiten Ahura Mazda (auch Ormuzd) und Ahriman als Symbole des Guten und Bösen in einem dauernden Streit miteinander liegen. Zoroaster lehrte, daß die irdische Welt erst auf dem Weg zu ihrer gottgewollten Bestimmung sei, nämlich der Verwirklichung des Reiches von Ahura Mazda, der dann das Böse endlich besiegt hat.

Diese Religion hat sich – wenn auch sicher nicht in der Urform – bis heute erhalten. Als der Sturm des Islam im 7. Jahrhundert n. Chr. über Persien fegte und alle Welt sich zu dem neuen Propheten bekannte, flohen viele Parsen in die indische Provinz Gujarat. Bis heute leben sie in Indien, vorwiegend in Bombay, und jeder Reisende kennt die uns so makaber anmutenden »Türme des Schweigens«, wo sie ihre Toten der offenen Luft und damit den aasfressenden Vögeln aussetzen. Nach den Vorschriften der Zend-Awesta dürfen weder Erde, noch Feuer, noch Wasser mit Leichen verunreinigt werden. Man schätzt die Zahl der Parsen in Indien auf rund hunderttausend, wozu noch etwa zehntausend in Persien kommen. Als Jesus das Land der Parsen bereiste, gab es noch keinen Islam, doch war man auch damals in bezug auf Religion wenig duldsam. In unserem Bericht ist davon die Rede, daß Jesus auch in Persien predigte und vor allen Dingen die den Parsen eigene Verehrung der Sonne und des Feuers bekämpfte.

»Die benachbarten Länder waren voll des Rufes von Jesu Predigten, und als er nach Persien kam, wurden die Priester von Furcht erfaßt, und sie untersagten den Einwohnern, ihn anzuhören. Aber als sie sahen, daß alle Ortschaften ihn aufnahmen mit Freude und fromm seinen Predigten lauschten, gaben sie den Befehl, ihn zu verhaften und vor den Hohenpriester zu bringen, der sogleich ein Verhör anstellte.

›Von welchem neuen Gott sprichst du? Unglücklicher, der du bist, weißt du nicht, daß der heilige Zoroaster der einzig Gerechte ist, zugelassen zu der Ehre, Offenbarungen des höchsten Wesens zu empfangen? Gott hat den Engeln geboten, sein Wort schriftlich niederzulegen zum Gebrauch des Volkes, ebenso die Gesetze, die Zoroaster von Gott empfing. Wer also bist du, der es wagt, unseren Gott zu lästern und Zweifel in das Herz der Gläubigen zu säen?‹

Jesus sagte zu ihnen: ›Ich rede nicht von einem neuen Gott, sondern von unserem himmlischen Vater, der von allem Anfang an da war und sein wird in Ewigkeit. Von ihm habe ich geredet mit dem Volk, welches gleich einem unschuldigen Kind noch nicht imstande ist, Gott zu begreifen und einzudringen in seine göttliche und geistige Erhabenheit. Aber gleichwie ein Neugeborenes im Dunkeln die Mutterbrust erkennt, so hat euer Volk, das eure Irrlehre und eure religiösen Zeremonien in den Irrtum geführt haben, seinen Vater in dem Vater erkannt, dessen Prophet ich bin. Das Ewige Wesen tut eurem Volk durch mich kund: Ihr sollt nicht anbeten die Sonne; denn sie ist nur ein Teil der Welt, die ich geschaffen habe für den Menschen.‹«

Nach einem langen Disput mit den Priestern sprach Jesus die Warnung aus:

»›Deshalb sage ich euch: Fürchtet den Tag des Gerichts; denn Gott wird all denen eine schreckliche Strafe auferlegen, die seine Kinder haben abbringen wollen von der rechten Straße und sie erfüllt haben mit abergläubischen Lehren. [. . .] Also ist eure Lehre die Frucht eurer Irrtümer; denn da ihr wünscht, den Gott der Wahrheit euch näherzubringen, habt ihr euch falsche Götter geschaffen.‹

Nachdem sie ihn angehört hatten, beschlossen die Priester, ihm kein Übel anzutun. Nachts, als die Stadt ruhte, führten sie ihn hinaus vor die Mauern und verließen ihn auf der Heerstraße in der Hoffnung, er würde bald eine Beute der wilden Tiere sein. Doch beschützt von Gott, setzte der heilige Jesus seine Reise ohne Unfall fort.«

Soweit der von Notowitsch aufgezeichnete Bericht von Jesu Reise in den Osten. Ich habe aus verschiedenen Gründen nicht den ganzen Text zitiert, sondern nur Teile, die mir zum Verständnis dieser Reise wichtig schienen.

Jesus in Palästina

Im zweiten Teil des von Notowitsch mitgeteilten Textes wird berichtet, wie Jesus nach Israel zurückkam und dort seine Landsleute in »tiefer Entmutigung« vorfand. Die Altersangabe von 29 Jahren irritiert zunächst, doch sie könnte tatsächlich richtig sein, wenn man sie für den Zeitpunkt seiner Rückkehr ansetzt und nicht für den Beginn seiner Predigerzeit.

Inzwischen hat die Forschung durch die Schriftrollenfunde am Toten Meer sehr viel über die Sekte der Essener herausgefunden, und es wird für möglich gehalten, daß Jesus eine Zeitlang ihr Mitglied war. Dasselbe gilt für Johannes den Täufer, den Jesus vielleicht schon damals kennengelernt hat. Aufgrund der heute vorliegenden Forschungsergebnisse müssen wir in Jesus einen Mann Mitte der Dreißig sehen, als er zu predigen begann. Der buddhistische Bericht über seine Zeit in Israel unterscheidet sich sehr wesentlich von den Evangelien. In ihm geht es hauptsächlich darum, daß Jesus einer entmutigten Bevölkerung Hoffnung und festes Vertrauen auf Gott vermittelte. Hier ein typisches Beispiel:

»Jesus, den der Schöpfer erwählt hatte, um den in Verkehrtheiten versunkenen Sterblichen den wahren Gott ins Gedächtnis zurückzurufen, war 29 Jahre alt, als er im Lande Israel ankam.

Seit Jesu Abreise hatten die Heiden den Israeliten noch grausamere Leiden auferlegt, und diese waren eine Beute der tiefsten Entmutigung. Viele unter ihnen hatten schon begonnen, die Gesetze ihres Gottes und die des Mossa [Moses] zu verlassen in der Hoffnung, ihre strengen Eroberer [die Römer] zu erweichen. In solcher Lage ermahnte Jesus seine Landsleute, nicht zu verzweifeln; denn nahe sei der Tag der Vergebung der Sünden, und so stärkte er den Glauben an den Gott ihrer Väter. ›Kinder, überlaßt euch nicht der Hoffnungslosigkeit‹, sagte der himmlische Vater durch Jesu Mund, ›denn ich habe eure Stimme vernommen, und euer Geschrei ist bis zu mir gedrungen. Weint nicht mehr, meine Vielgeliebten; denn euer Schluchzen hat das Herz eures Vaters gerührt, und er hat euch vergeben, so wie er vergeben hat euren Vorfahren. Laßt nicht hilflos eure Familie, um euch in Schwelgerei zu stürzen ... und betet keine Götter an, welche taub bleiben werden für eure Stimme. Erfüllt meinen Tempel mit eurer Hoffnung und eurer Geduld und schwört nicht ab der Religion eurer Väter; denn ich allein habe sie geführt und sie überhäuft mit Wohltaten ...‹

Die Israeliten kamen in Menge herbei zur Predigt von Jesus, und sie fragten ihn, wo sie dem himmlischen Vater Dank sagen sollten, da die Feinde ihre Tempel geschleift und ihre heiligen Geräte schonungslos geplündert hatten. Jesus antwortete ihnen, Gott richte sein Augenmerk nicht auf Tempel, von Menschenhand erbaut, sondern er verstünde unter solchen die menschlichen Herzen, welche die wahren Tempel Gottes seien.«

Wie immer, wenn ein Prediger im Land umherzieht und über-
kommene Verhältnisse und Ansichten in Frage stellt, bringt er
das »Establishment«, also die Alten und Wohlhabenden, gegen
sich auf.

Diese Erfahrung veranlaßte Jesus zu dem Ausspruch (Matth.
13,57): »Ein Prophet gilt nirgend weniger denn in seinem Vaterland und in seinem Hause.«

Könnte das nicht der direkte Hinweis des Vielgereisten sein,
daß er woanders schon auf mehr Verständnis gestoßen sei?
Schließlich wurde Jesus vor eine Versammlung von Honoratio-
ren geladen und eindringlich befragt.

»›Seht ihr dagegen nicht, daß die Mächtigen und Reichen unter
den Kindern Israels einen Geist des Aufruhrs aussäen gegen die
ewige Gewalt des Himmels?‹

Worauf die Greise fragten: ›Wer bist du, und aus welchem
Land bist du gekommen zu uns? Wir haben früher nichts von
dir reden hören und kennen nicht einmal deinen Namen.‹

›Ich bin Israelit‹, antwortete Jesus, ›und am Tage meiner Geburt sah ich die Mauern von Jerusalem, und ich habe schluchzen hören meine Brüder, gebracht in die Sklaverei, und wehkla-
gen meine Schwestern, die man zu den Heiden fortführte. Da
wurde meine Seele traurig, als ich sah, daß meine Brüder den
wahren Gott vergessen hatten. So verließ ich als Kind das elterli-
che Haus, um mich bei anderen Völkern aufzuhalten. Als ich
aber erfuhr, daß meine Brüder noch größere Leiden zu ertragen
hatten, bin ich zurückgekehrt in das Land meiner Väter, um
meinen Brüdern den Glauben der Vorfahren ins Gedächtnis zu
rufen, der uns zur Geduld ermahnt auf Erden, um uns droben
das vollkommene und höchste Glück zu verheißen.‹

Und die gelehrten Greise stellten ihm noch diese Frage:
›Man versichert, daß du die Gesetze Moses' verleugnest und
das Volk lehrst, den Tempel Gottes zu verlassen.‹

Jesus antwortete: ›Man reißt nicht ein, was uns durch unseren
himmlischen Vater gegeben wurde und was durch die Sünder
zerstört wurde. Ich aber habe gemahnt, das Herz zu reinigen von

jeder Befleckung, denn es ist der wahrhafte Tempel Gottes. Was die Gesetze Moses' betrifft, so habe ich mich bemüht, sie wieder aufzurichten in den Herzen der Menschen, und ich sage euch, daß ihr deren wahre Bedeutung nicht kennt. Sie lehren nicht die Rache, sondern die Vergebung; denn man hat den Sinn dieser Gesetze entstellt.‹«

Aus dem obigen Text geht hervor, daß Jesus in Jerusalem das Licht der Welt erblickte. Dies könnte ein Irrtum des buddhistischen Chronisten sein, der den weitbekannten und mit Jesu späterem Schicksal verknüpften Ort auch zum Geburtsort machte.

Ein Abschnitt im Bericht über das Wirken Jesu in Israel verdient besondere Bedeutung. Es ist wohl einer der schönsten in dieser an Banalitäten – wohl auch an Irrtümern – nicht armen Aufzeichnung. Ich habe bereits darauf hingewiesen, daß niemand bei diesem Bericht mit Sicherheit sagen kann, was von Notowitsch ergänzt, tibetanisch-buddhistische Erfindung und Entstellung oder tatsächlich wahr ist. Notowitsch schreibt zum Beispiel in seinem Nachwort, daß er den Bericht nicht in dieser Reihenfolge vorgefunden habe, sondern eingestreut in andere Texte und ohne jede Chronologie. Selbst wenn man diese ganzen Fehlerquellen in Betracht zieht, ist dieser Text doch einmalig und von eigenartiger Faszination.

Hier nun der höchst poetische und beeindruckende Abschnitt vom Lob der Frau.

»Mittlerweile wurde eine alte Frau, welche sich der Gruppe genähert hatte, um Jesus besser zu hören, von einem der verkleideten Männer auf die Seite gedrängt, welcher sich vor sie hinstellte.

Worauf Jesus sagte: ›Es ist nicht gut, wenn ein Sohn seine Mutter zurückstößt, um den ersten Platz einzunehmen. Wer immer seine Mutter nicht in Ehren hält, das heiligste Wesen nach Gott, ist unwürdig des Sohnesnamens.

Höret daher auf das, was ich euch sagen werde: Ehret die Frau; denn sie ist die Mutter des Weltalls, und die ganze Wahrheit der göttlichen Schöpfung beruht auf ihr.

Sie ist die Grundlage alles dessen, was es Gutes und Schönes gibt, wie sie auch der Keim ist des Lebens und des Todes. Die ganze Existenz des Mannes hängt von ihr ab; denn sie ist seine geistige und natürliche Stütze bei seinen Arbeiten.

Sie bringt euch zur Welt inmitten von Schmerzen; im Schweiße ihres Angesichts behütet sie euer Wachstum, und bis zu ihrem Tod verursacht ihr derselben die lebhaftesten Beängstigungen. Segnet sie und verehret sie, denn sie ist euer einziger Freund und eure Stütze auf Erden. Haltet sie in Ehren und verteidiget sie; wenn ihr so handelt, werdet ihr ihre Liebe gewinnen und ihr Herz, und ihr werdet Gott angenehm sein; deshalb werden euch viele Fehler nachgelassen werden.

Ebenso liebet eure Weiber und ehret sie; denn morgen werden sie Mütter sein und später Großmütter eines ganzen Volkes.

Seid nachgiebig gegen das Weib; seine Liebe veredelt den Mann, macht milder sein verhärtetes Herz, zähmt das wilde Tier und macht ein Lamm daraus.

Das Weib und die Mutter – ein unschätzbarer Schatz, so Gott euch gegeben –, sie sind die schönsten Zierden des Weltalls, und aus ihnen wird geboren werden alles, was die Welt bewohnen wird.

Gleichwie der Gott der Heerscharen vor Zeiten schied das Licht von den Finsternissen und das feste Land von den Wassern, so besitzt das Weib die göttliche Anlage, im Manne die guten Absichten zu scheiden von den bösen Gedanken.

Und deshalb sage ich euch, daß eure besten Gedanken nach Gott den Frauen angehören sollen und den Ehegattinnen, weil die Frau für euch den göttlichen Tempel bildet, da ihr am leichtesten das vollkommene Glück auswirken werdet.

Schöpfet in diesem Tempel eure sittliche Stärke; dort werdet ihr eure Betrübnisse vergessen und eure Mißerfolge, und ihr werdet wiedererlangen die verlorenen Kräfte, so euch notwendig sein werden, eurem Nächsten zu helfen.

Setzet sie keiner Erniedrigung aus; denn gerade dadurch würdet ihr euch selbst erniedrigen und das Gefühl der Liebe verlieren, ohne welche hienieden nichts Bestand hat.

Beschützet eure Frau, damit sie euch beschütze, euch und eure ganze Familie. Alles, was ihr für eure Mutter tun werdet, für euer Weib, für eine Witwe oder eine andere Frau in der Bedrängnis, das habt ihr für euren Gott getan.‹«

Dieses Frauenlob ist ohne Beispiel. Man findet ähnliches nicht in buddhistischen Schriften, auch nicht in den Evangelien.

Im folgenden Bericht erfahren wir, daß Jesus während der Zeit seines Wirkens von »verkleideten Dienern« des Landpflegers beobachtet wurde. Schließlich entschloß sich der Landpfleger Pilatus, dem dieser Prediger zu volkstümlich wurde, zur Verhaftung.

»Sodann wurden Soldaten befohlen, um zu seiner Verhaftung zu schreiten; und man schloß ihn ein in ein unterirdisches Gefängnis, wo man ihn mannigfaltige Martern ausstehen ließ in der Absicht, ihn zur Selbstanklage zu zwingen, was gestattet hätte, denselben zu töten.

Der Heilige, nur auf die vollkommene Seligkeit seiner Brüder bedacht, ertrug die Leiden im Namen seines Schöpfers.

Die Diener des Pilatus folterten ihn ohne Unterlaß und versetzten ihn in einen Zustand äußerster Schwäche; aber Gott war mit ihm und ließ nicht zu, daß er stürbe.

Als die Hohenpriester und gelehrten Greise von den Leiden und Martern erfuhren, die ihr Heiliger erduldete, da gingen sie, den Landpfleger zu bitten, er möchte Jesus in Freiheit setzen aus Anlaß eines großen Festes, das nahe war.

Aber der Landpfleger schlug es ihnen ab. Hierauf baten sie ihn, Jesus vor dem Gerichtshof der Ältesten erscheinen zu lassen, damit er verurteilt oder freigesprochen würde vor dem Feste, was Pilatus gewährte.

Am folgenden Tage versammelte der Landpfleger die vornehmsten Hauptleute, Priester, gelehrten Greise und Rechtskundigen zu dem Zwecke, Jesus von ihnen richten zu lassen.

Man führte den Heiligen aus seinem Gefängnis und ließ ihn niedersitzen vor dem Landpfleger zwischen zwei Straßenräubern, die man gleichzeitig mit ihm richtete, um dem gemeinen

Volk zu zeigen, daß er nicht der einzige war, der verurteilt werden sollte.

Und Pilatus wandte sich zu Jesus und sagte zu ihm: ›O Mensch! Ist es wahr, daß du die Einwohner aufwiegelst wider die Obrigkeiten in der Absicht, selbst König von Israel zu werden?‹

›Man wird nicht König durch seinen eigenen Willen‹, antwortete Jesus, ›und man hat dich belogen, indem man dir mitteilte, daß ich das Volk aufwiegelte. Ich habe stets nur vom König der Himmel gesprochen, und er ist es, den anzubeten ich das Volk lehrte.‹«

In dem von Notowitsch übermittelten Bericht ist es Pilatus persönlich, der sich am Ende zur Verurteilung entschließt.

»Nachdem die Richter sich untereinander beraten hatten, sagten sie zu Pilatus: ›Wir werden nicht die Verantwortlichkeit auf unsere Häupter nehmen für die große Sünde, einen Unschuldigen zu verurteilen und zwei Räuber freizusprechen, was unseren Gesetzen entgegen ist. Tue daher das, was dir gefallen wird.‹

Nachdem die Priester und die gelehrten Greise so gesagt, gingen sie hinaus und wuschen sich die Hände in einem heiligen Gefäße, indem sie sprachen: ›Wir sind unschuldig am Tode des Gerechten.‹

Auf den Befehl des Landpflegers bemächtigten sich die Soldaten Jesu und der zwei Straßenräuber und führten sie an den Ort der Hinrichtung, wo man sie auf Kreuze annagelte, die man aufgerichtet hatte in der Erde. Den ganzen Tag blieben die Leiber Jesu und der zwei Räuber, triefend von Blut, aufgehängt unter der Wache der Soldaten; das Volk stand rings umher; die Anverwandten der Hingerichteten beteten und weinten.

Bei Sonnenuntergang nahmen die Leiden Jesu ein Ende. Er verlor das Bewußtsein, und die Seele dieses Gerechten trennte sich von seinem Leibe, um zu verschwinden in der Gottheit.

So endigte das irdische Dasein des Abglanzes des Ewigen Geistes unter der Gestalt eines Menschen, welcher erlöset hatte die verhärteten Sünder und erduldet so viel Leiden.

Inzwischen entsetzte sich Pilatus über seine Tat, und er ließ den Leichnam des Heiligen seinen Verwandten übergeben, welche ihn begruben nahe bei der Stätte seiner Hinrichtung; das Volk kam, um zu beten an seinem Grabe, und erfüllte die Luft mit Schluchzen und Seufzen.

Drei Tage darauf sandte der Landpfleger seine Soldaten aus, um den Leichnam Jesu wegzunehmen und ihn an einer anderen Stelle zu begraben aus Furcht vor einem Volksaufstand.

Am nächsten Tage fand die Menge das Grab geöffnet und leer; sofort darauf verbreitete sich das Gerücht, der Höchste Richter hätte seine Engel gesandt, um in die Höhe zu entrücken die sterbliche Hülle des Heiligen, in welchem ein Teil des göttlichen Geistes auf Erden gewohnt hatte.«

Die Unterschiede sind deutlich: Nicht Pilatus, sondern die Hohenpriester waschen sich ihre Hände in Unschuld, und das Grab ist leer, nicht weil Jesus es als Auferstandener verlassen hat, sondern weil Pilatus den Leichnam fortschaffen ließ, um einen Volksaufstand zu verhindern. Der buddhistische Chronist konnte verständlicherweise für die Abwesenheit des »Verstorbenen« keine andere Erklärung finden.

Jesus bei den Essenern?

Der verlorene Sohn war also wieder heimgekehrt in das Land seiner Väter.

Joseph, der in der Bibel etwas stiefmütterlich behandelte Vater von Jesus, angeblich aus dem Stamm Davids, angeblich Sohn von Jakob oder Heli, Joseph also dürfte zu dieser Zeit nicht mehr am Leben gewesen sein. Von Jesu Familie lebte noch Maria sowie seine Brüder Jakob, Joseph, Juda und Simon. Daß Jesus Schwestern hatte, wird erwähnt, nicht jedoch ihre Namen noch wie viele es waren. Maria muß also die Mutter von wenigstens sechs Kindern gewesen sein.

Nun wird aus den Evangelien unübersehbar deutlich, daß Je-

Ruinen eines Essener-Klosters am Toten Meer.
Foto: Futterknecht

sus – vorsichtig ausgedrückt – in Distanz zu seiner Familie gelebt hat. Weder zur Mutter noch zu den Brüdern hatte er ein besonders herzliches Verhältnis.

Auf der Hochzeit zu Kanaan fuhr er seine Mutter an: »Weib,
was habe ich mit dir zu schaffen?«

Als ihm in Nazareth das Volk in Haufen nachlief, sagten »die
Seinen« – also seine Familie –, er sei von Sinnen. Dann die gleiche Szene, nur etwas später.

Jesus sitzt inmitten des Volkes, als seine Mutter und seine Brüder ihn riefen.

»Wer ist meine Mutter, wer sind meine Brüder?« fragte er unwirsch und schaute dann auf die Jünger: »Ihr seid meine Mutter und meine Brüder.«

Also bewußte Distanz und Abkehr von der eigenen Familie um des höheren Auftrags willen.

Wir haben davon gesprochen, daß Jesus nach seiner Rückkehr aus dem Osten möglicherweise nicht gleich zu wirken begann, sondern zuerst prüfte, wie es mit dem religiösen Leben in seinem Lande bestellt war. Den in Buchstaben erstarrten Glauben seiner Väter kannte er zur Genüge, wo aber gab es etwas Neues?

Bei diesem Suchen wird er sehr bald auf die Essener gestoßen sein, die viel von sich reden machten und eine Menge Anhänger besaßen. Ich muß noch einmal darauf hinweisen, daß es weder für Jesus noch für Johannes den Täufer einen sicheren Hinweis für ihre Mitgliedschaft bei den Essenern gibt, doch vieles deutet darauf hin, daß beide diese Glaubensgemeinschaft gekannt haben. Plinius der Ältere schreibt im fünften Buch seiner »Naturalis historia«: »Am Westufer (des Toten Meeres) . . . leben die Essener, eine Gruppe von Einsiedlern, die in der Welt ihresgleichen nicht hat; ohne Frauen, auf die sexuelle Liebe verzichtend, ohne Geld.«

Der ältere Plinius bewunderte etwas, das er nur vom Hörensagen kannte, obwohl seine Charakterisierung in etwa stimmt.

Ich kann hier nicht näher auf die klösterliche Glaubensgemeinschaft der Essener eingehen, doch sollte Jesus ihr nahegestanden haben, dann ist auch zu verstehen, daß er sich bald wieder von ihr trennte. Schon beim Eintritt mußte sich das künftige Mitglied verpflichten, »alles zu lieben, was Gott erwählt hat, und alles zu hassen, was er verworfen hat«.

Da, kurz gesagt, alles, was nicht den Essenern zugehörte, verworfen war, mußte man eigentlich die ganze Welt hassen.

Dies war nicht im Sinne Jesu, der schon zu viel erlebt und gesehen hatte, um die Welt aus solchem Blickwinkel zu betrachten. Hier im Umkreis der Essener hat vielleicht auch die erste

Begegnung mit Johannes dem Täufer stattgefunden. Und Johannes spürte, daß da noch ein Stärkerer war, einer, der vollenden würde, was er begonnen hatte. So begegnen wir auch dem biblischen Johannes, predigend und taufend und auf den künftigen Messias hinweisend.

Und hier macht sich wieder nachdrücklich der griechische Einfluß bemerkbar. Die Taufe war damals keineswegs etwas Neues, sondern längst altüberkommenes Brauchtum der Mysterienreligionen. Sowohl die Eleusinischen Mysterien kannten die Taufe wie auch die Kulte des Dionysos, des Mithras und der Isis. Die Isistaufe etwa erfolgte wie die christliche durch Übergießen mit oder Untertauchen in Wasser. Selbst der Zweck der Taufe war bei den griechischen Religionen derselbe: Reinigung von Sünden und Aufnahme in die Kultgemeinschaft.

Das älteste Evangelium unter dem Namen des Markus beginnt direkt mit dem Auftreten Johannes des Täufers.

»Es war Johannes, der in der Wüste taufte und predigte die Taufe der Buße zur Vergebung der Sünden.«

Und alle vier Evangelien sind sich sinngemäß einig, wenn Markus den Johannes sagen läßt: »Nach mir kommt, der stärker ist als ich . . .« Danach begann das Wirken von Jesus, und die Forscher haben sich darauf geeinigt, daß es etwa zwei Jahre gedauert hat. Es ist nicht Aufgabe dieses Buches, sein Wirken in Palästina darzustellen oder kritisch zu untersuchen. Wir haben die Evangelien, und es gibt eine Fülle von Sekundärliteratur, die zu erklären versucht, was daran wahr ist und was nicht, und auch für die Wunder Jesu finden sich nach heutigem Verständnis plausible Interpretationen.

Noch ein Wort zu den einzigen uns zur Verfügung stehenden Quellen für Jesu Wirken in Palästina. Die vier Evangelien – wie auch die Apostelgeschichte – wurden sämtlich Jahrzehnte nach Jesu angeblichem Tod am Kreuz verfaßt – vermutlich nicht vor 70/80 n. Chr. – und fußen auf zwei älteren, nicht erhaltenen Quellen. Auch das älteste, das Markusevangelium, ist nicht die Urquelle, sondern ist eine gründliche Bearbeitung des alten Stoffes. Der Evangelienforscher R. Lindsay formuliert das so:

»Matthäus und Lukas schöpfen neben der Spruchquelle direkt aus dem alten Bericht; der Redakteur unseres Markus hat bei seiner Arbeit auch den Lukas benutzt, und Matthäus hat neben dem alten Bericht auch sehr oft unseren Markus herbeigezogen.«

Dies klingt sehr verwirrend und soll dem Leser nur einen Anhaltspunkt für den Stand der neuesten Forschung bieten.

Wir kehren für einen Augenblick zum tibetanischen Bericht des Nikolaus Notowitsch zurück. Dort heißt es:

»Er verlor das Bewußtsein, und die Seele dieses Gerechten trennte sich von seinem Leibe, um zu verschwinden in der Gottheit.«

Nach traditionell christlicher Version ist Jesus am dritten Tage auferstanden und später in den Himmel aufgefahren. Von einer Himmelfahrt spricht allerdings nur Lukas, der mit Sicherheit kein Augenzeuge dieser Ereignisse war. Die entsprechende Stelle (16, 19) bei Markus gilt in der neueren Forschung als späterer Zusatz. Diese Himmelfahrt ist also die altehrwürdige Apotheose eines Gottes, wobei sich der griechisch gebildete Lukas auf zahlreiche Vorbilder stützen konnte. Attis, Kybele und Mithras fuhren gen Himmel, und Herkules wird nach Erfüllung seiner Aufgaben – wie Jesus in der Apostelgeschichte – von einer Wolke zum Himmel getragen. Lukas hat sich also nicht einmal etwas Neues einfallen lassen, er hielt sich an alte bewährte Vorbilder.

Tatsache ist, daß man Jesus vom Kreuz abnahm, salbte, in ein Leintuch wickelte und vorläufig im Grabe des reichen Joseph von Arimathia bestattete.

Ich werde nun im folgenden eine Reihe von Indizien aufführen, die darauf hinweisen, daß Jesus gar nicht tot sein konnte, daß man also einen tief Bewußtlosen in das Grab Josephs legte.

Halten wir uns den Ablauf dieser dramatischen Osterwoche vor Augen. Dabei liefert uns das Markusevangelium den übersichtlichsten Bericht.

Demnach zog Jesus am späten Nachmittag des Sonntags in Jerusalem ein und ging am Abend nach Bethanien zurück. Dort verbrachte er die Nacht. Am nächsten Tag – also am Montag – ging Jesus wieder nach Jerusalem: »Und sie kamen nach Jerusalem, und da er in den Tempel eintrat, fing er an, die im Tempel verkauften und kauften, auszutreiben, und die Tische der Wechsler und die Stühle der Taubenhändler warf er um.«

Nach diesem Gewaltauftritt scheint er gepredigt zu haben, um dann am Abend wieder die Stadt zu verlassen – unbekannt, wohin. Am nächsten Tag finden wir ihn wieder im Tempel, mit den Schriftgelehrten lange diskutierend und in Gleichnissen redend. Unserer Rechnung nach muß es der Dienstag gewesen sein. Die Nacht zum Mittwoch und den ganzen Tag scheint er im Hause Simons des Aussätzigen verbracht zu haben, ebenso den Donnerstag. An diesem Tag wurde traditionellerweise das Osterlamm geschlachtet, und Jesus trug seinen Jüngern auf, alles für dieses Mahl vorzubereiten.

Am Abend stieß Jesus zu ihnen und nahm mit den Zwölfen das Ostermahl ein. Die Nacht auf Freitag verbrachten sie im Gethsemane-Garten, wo Jesus, die Gefahr spürend, sein erschütterndes Gebet sprach, während die Jünger schliefen. In dieser Nacht wurde er verhaftet und vor die Hohenpriester gebracht.

»Und nach zwei Tagen war Ostern und die Tage der süßen Brote. Und die Hohenpriester und Schriftgelehrten suchten, wie sie ihn mit List griffen und töteten. Sie sprachen aber: ›Ja nicht auf das Fest, daß nicht ein Aufruhr im Volk werde‹ (Mk. 14, 1–2).

Solche Überlegungen stellten die Hohenpriester in Jerusalem an in der Osterwoche des Jahres 30. Auf diese Jahreszahl weisen die meisten Indizien, da der Todestag ein Freitag war, und zwar ein 14. oder 15. des jüdischen Monats Nisan. Im Jahr dreißig

Jerusalem zur Zeit von Jesus, im Hintergrund Salomons Tempel (Rekonstruktion).
Foto: Futterknecht

aber fällt der Freitag vor Ostern auf den 14. Nisan. Dies wäre freilich auch für das Jahr 33 der Fall, was aber mit vielen anderen Indizien nicht mehr übereinstimmt.

Nun folgt in den Evangelien der Bericht dieser letzten Tage. Es wäre nun von einiger Wichtigkeit, zu wissen, was ein bereits mystifiziertes Christentum später hinzugefügt hat und wo der Kern dieser einfachen Leidensgeschichte steckt. Gekreuzigt zu werden war nämlich damals im Bereich der römischen Herrschaft ein Dutzendschicksal. Jeder geringste Aufstand in den Provinzen wurde am Ende mit Massenkreuzigungen bestraft.

Ein letztes Mal saß Christus beim Abendmahl mit seinen Jüngern zusammen. Was das spätere Christentum zu einem Opfermahl mystifiziert hat, war im Grunde ein ganz normales Ostermahl, bei dem man Lamm und Brot aß und dazu Wein trank. Der innige Wunsch der Gläubigen aller Zeiten und Völker war es, sich mit der Gottheit zu vereinigen, sie auch materiell in sich aufzunehmen. Wir finden dies zum Beispiel bei den Dionysos-

Der 1961 in Caesarea entdeckte Pilatus-Stein, die bis jetzt einzige Inschrift mit der Erwähnung des Pontius Pilatus.
Mit freundlicher Genehmigung des Israel Department of Antiquities and Museums.

feiern, wenn die Tiere lebendig zerrissen und von den Mänaden verspeist wurden. Selbst in außereuropäischen Kulturen bestand diese Neigung, wie etwa bei den Azteken. Im Moment der Opferung verwandelte sich der Gefangene, dem der Priester das Herz herausriß, in einen Gott. Wenn das Volk dann dessen Fleisch aß und sein Blut trank, wurde das Gebet gesprochen: »Ich esse das Fleisch meines Gottes, ich trinke das Blut meines Gottes.« Der Conquistador Cortez konnte sich die fatale Ähnlichkeit mit der katholischen Messe nur durch schlimmes Teufelswerk erklären.

Es gilt also, sich in den Evangelien an die einfachen normalen Dinge zu halten. Wo es heißt: »Dies geschah, damit die Schrift sich erfülle«, ist Mißtrauen angebracht, denn viele der späteren Zusätze oder Abänderungen geschahen zur Identifikation mit den prophetischen Büchern des Alten Testaments.

Als die Hohenpriester nichts Geeignetes fanden, das zu einer Verurteilung ausreichte, brachten sie Jesus vor Pilatus. Der in allen Schriften regelmäßig als römischer Prokurator bezeichnete Pontius Pilatus war in Wirklichkeit nur Präfekt. Bis in die neueste Zeit gab es – außer in der Geschichtsliteratur – kein Zeugnis über diesen Mann. Da fand man 1961 in Caesarea – als Treppenstufe verwendet – einen Stein mit der verstümmelten, doch gut les- und ergänzbaren Inschrift: »Pontius Pilatus Praefectus Judaeae«. Dies würde allerdings nicht ausschließen, daß Tiberius ihn später noch zum Prokurator beförderte.

Pilatus, der von den antiken Historikern als rücksichtslos und grausam hingestellt wird, nimmt in den Evangelien eine unschlüssige Haltung ein.

Der in der Bibel als Landpfleger bezeichnete Pilatus konnte dem Herkommen nach zum Osterfest einen Gefangenen freigeben. Als das Volk den Barabbas verlangte, fragte Pilatus:

»Was soll ich denn machen mit Jesus, von dem gesagt wird, er sei Christus?«

»Laß ihn kreuzigen!« schrie die Menge.

»Was hat er denn Übles getan?« fragte Pilatus zurück, denn selbst der als grausam Verschrieene wollte nicht einen in seinen Augen harmlosen religiösen Spinner umbringen.

Man hat den Eindruck, Pilatus war des ganzen Geschreis und Gegeifers überdrüssig. Er wird sich in seiner römischen Arroganz gesagt haben: Ob dieser oder jener Jude – was soll's? Und so gab er Barabbas frei und lieferte Jesus aus.

Nach der üblichen Geißelung führten sie ihn hinaus nach Golgatha. Wie ebenfalls üblich, wurde ihm zur Betäubung Myrrhe in Wein angeboten, doch er lehnte ab. Dann schlugen sie ihn ans Kreuz.

Die Kreuzigung

Dies ist im wahren Sinne des Wortes ein trauriges Kapitel. In ihm müssen wir uns mit einer der grausamsten Hinrichtungsarten der Antike befassen. Doch zum Verständnis des folgenden ist es unumgänglich, daß wir diese Todesart genauer untersuchen.

Bei den Römern war die Strafe allein den Sklaven vorbehalten. Für die Delikte Hochverrat, Aufruhr und Seeräuberei wurde sie ebenfalls angewandt.

Die Kreuzigung erfolgte normalerweise – nicht wie bei Jesus dargestellt – an einem T-förmigen Holz durch Anbinden oder Annageln des Delinquenten. Diese Hinrichtungsweise war bewußt als sehr langsame und sehr qualvolle Todesart angelegt, bei der die Füße in der Regel angenagelt, die Hände jedoch angebunden wurden. Es war auch keineswegs so, daß der Verurteilte sozusagen frei an seinen Armen hängend befestigt wurde. Dies hätte in kürzester Zeit einen Tod durch Ersticken hervorgerufen, und so schnell sollten die Delinquenten nicht sterben.

Normalerweise saß der Todeskandidat auf einer »sedecula«, einem schmalen Brett, während seine beiden Füße meist in Querlage und übereinander mit einem Nagel fixiert waren. Vor kurzem hat man in Jerusalem unter Skelettfunden zwei Unterschenkel mit einem noch im Fersenbein steckenden Nagel zusammen mit einem Stück des Kreuzholzes entdeckt. Die Spuren auf dem Turiner Grablinnen – von dem später die Rede sein wird – ergaben allerdings, daß die Füße Jesu nicht durch beide Fersen, sondern durch den Fußrücken angenagelt waren. Dies verursacht keine ernsthaften Verletzungen und kann, wenn keine Infektion hinzukommt, bald abheilen.

In welcher Lage der Delinquent auch immer gekreuzigt war, so konnte er sich kaum bewegen, und dies machte die eigentliche Qual aus. Dazu kamen die schwärenden Wunden der vorhergegangenen Geißelung, der Durst, die Hitze, die an Nerven und Sehnen zerrende Bewegungslosigkeit.

Jesus war, wie sich herausstellen wird, an Händen und Füßen festgenagelt, doch auch er wird auf einer Sedecula gesessen haben, sonst wäre der Tod wohl binnen einer Stunde eingetreten. Die Verurteilten, soweit sie bei normaler Gesundheit waren, lebten bis zu drei Tagen und länger, und genau das war vom Gesetzgeber gewollt. Waren sie dann nicht tot, zerschlug man ihnen mit eisernen Keulen die Knochen der Arme und Beine, was die Sache, wenn auch unter neuen Qualen, beschleunigte.

Halten wir uns an das Markusevangelium, so wurde Jesus um die dritte Stunde gekreuzigt und verstarb um die neunte. Das bedeutet nach unserer Zeit von neun Uhr früh bis drei Uhr nachmittags. Lukas und Matthäus nennen dieselbe Todesstunde, Johannes läßt Jesus »etwa um die sechste Stunde«, also gegen zwölf Uhr mittags, vor Pilatus hintreten. Er nennt keine Todesstunde, doch hält man sich an die Synoptiker und nimmt drei Uhr nachmittags, dann wäre Jesus also nur zwei bis drei Stunden am Kreuz gehangen. Es läßt sich bei Johannes nicht mehr herausfinden, ob er eigene, den anderen nicht zugängliche Quellen hatte oder nur eine reiche Phantasie.

Halten wir uns also an die Synoptiker. Aus deren Bericht läßt sich schließen, daß Jesus höchstens sechs Stunden am Kreuz hing. Nach so kurzer Zeit starb kein Verurteilter, der nicht durch Alter oder vorhergehende schwerste Folter schon geschwächt war.

Laut unserem Kronzeugen Markus war der in diesen Dingen sicher erfahrene Pilatus äußerst erstaunt.

»Pilatus aber verwunderte sich, daß er schon tot war, und rief den Hauptmann und fragte ihn, ob er schon lange gestorben sei.«

Es mußte den römischen Landpfleger verwundern, denn normalerweise begannen nach sechs Stunden erst die richtigen, vom Gesetzgeber vorgesehenen Qualen, wenn sich nämlich der Körper versteifte und verspannte.

Der berühmte Lanzenstich in die Brust wird allein bei Johannes erwähnt. Hat es ihn wirklich gegeben – und ein Hauptindiz weist darauf hin –, dann war er nicht tödlich. Johannes erwähnt auch folgerichtig, daß die beiden Übeltäter ebenfalls nicht tot waren und die Kriegsknechte ihnen die Glieder zerschlugen.

Nun etwas ausführlicher noch zu dem vermeintlichen Herzstich mit der Lanze.

Kreuze waren immer erhöht, damit die Bevölkerung den Verurteilten auch leiden sehen konnte und ihre heilsamen Schlüsse daraus zog. Man rechnet etwa, daß der Hingerichtete sich einen bis zu drei Meter über dem Boden befand.

Der deutsche Sindonologe (Leichentuchforscher) Kurt Berna hat sich in seinem Buch »Christus wurde lebendig begraben« sehr ausführlich und wissenschaftlich mit der Lanzenwunde befaßt und mit Versuchspersonen Experimente angestellt. Er schreibt dazu:

»Die Versuchspersonen standen aufrecht in einer ungefähren Kreuzigungshaltung. Die Aufnahmen erfolgten in einem Moment der Einatmung, um die Zwerchfellstellung am Kreuz zu rekonstruieren (Zwerchfellforschung von Dr. Hynek). Berücksichtigt man die Ausstichwunde, so geht der von der Seitenwunde herführende Wundkanal in allen Fällen vor der Körperschlagader (Aorta) vorbei. Er liegt außerdem immer über dem Herzen. Die verschiedenen Herzgrößen, Herzerweiterungen usw., die ebenfalls in die Prüfung einbezogen wurden, blieben ohne Bedeutung, da der Wundkanal diese Gegenden überhaupt nicht berührte. Nur etwa waagerechte Einstiche hätten das Herz treffen können.«

Berna hat aufgrund des Turiner Grablinnens – das wir noch als Kronzeugen zitieren werden – errechnet, daß der Einstich etwa in einem Winkel von 29 Grad erfolgte. Man kann diese Berechnung anzweifeln, doch auch sie unterstützt die These, daß das Herz nicht getroffen wurde. Das erwähnte Austreten von Blut und Wasser ist eher ein Beweis dafür, daß Jesus überlebte. Laut medizinischem Befund dauert es sechs Stunden und länger, bis das Blut eines Verstorbenen sich in Wasser und Blut zersetzt. Da wir annehmen müssen, daß man die Verurteilten schnell begraben wollte, wird der Lanzenstich unmittelbar oder doch bald nach Jesu »Ableben« erfolgt sein.

Wenn die Lanze, was aufgrund ihres Einstichwinkels anzunehmen ist, nicht das Herz, sondern die Lunge durchbohrte, so kann von dort sehr wohl durch die vorhergegangene Geißelung auch Wasser ausgetreten sein.

Kurt Berna zitiert dazu das Schreiben von Dr. W. B. Primrose, dem ehemaligen Chef der Narkoseabteilung des Princess Louise Scottish Hospital in Bishopton.

»Ich, Dr. W. B. Primrose, sage, daß der Bibelbericht in Joh. 19,34 nach wissenschaftlichen Grundlagen die erste Feststellung des Überlebens von Jesus Christus nach seinen Leiden am Kreuz ist: ›Und einer der Soldaten stieß mit der Lanze in seine Seite, und sogleich kam Blut und Wasser heraus.‹

Diese Seitenwunde wird von Johannes blutend dargestellt: ›kam Blut und Wasser heraus.‹ In dieser Weise gesehen, widerspricht ein solcher Zustand jeder normalen Erfahrung, besonders der medizinischen, denn der Zustand des Todes erlaubt keine Blutungen einer solchen Wunde, da es keine unterstützende Zirkulation des Kreislaufes gibt.

Der heilige Johannes in seinem Glauben, daß Christus der Messias ist und nach alten Prophezeiungen gekreuzigt wurde, war sehr besorgt, einen sicheren Beweis des Todes zu haben, gerade im Hinblick auf die prophezeite Auferstehung. Dieser ungewöhnliche Austritt von Blut und Wasser war für ihn ein hinreichendes Zeugnis des Todes, und diese Meinung gilt noch heute.

Die bescheidensten klinischen Erfahrungen zeigen, daß Absonderungen von Serum in oder aus einer Körperhöhle nichts mit dem Tod zu tun haben, denn zahlreiche Menschen, die über einen längeren Zeitraum mit Flüssigkeitsansammlungen leben, benötigen wiederholtes Punktieren. Ein Medizinaljurist, der auf einem Beweis des völlig zum Stillstand gekommenen Kreislaufs bestehen würde, würden die Fakten dieses Lanzenstiches nicht befriedigen. In diesem speziellen Falle sind wir mit der Tatsache konfrontiert, die von Johannes genau beobachtet, obwohl von ihm oder von irgend jemand anderem damals nicht verstanden, daß nach dem Lanzenstoß immer noch Blutzirkulation vorhanden war, da aktives Bluten mit dem Herzschlag aufhört und den Tod bedeutet.

Der Lanzenstoß hat Licht in das Nebeneinanderexistieren zweier Lebensumstände gebracht. Der erste ist die Gegenwart einer großen Menge von Serum in der Körperhöhle als Ergebnis der Geißelung, welches auch direkt zum Zusammenbruch führte. Der zweite Umstand, nämlich der Austritt von Blut aus der Wunde, deutet weiter auf Leben hin. Eine Tatsache, die Johannes unmöglich verstehen konnte, obwohl er sie zu der Zeit genau beobachtet hat. Mehr als neunzehn Jahrhunderte mußten vergehen, bevor man ihre eigentliche Bedeutung mittels der modernen Wissenschaften beurteilen konnte.

Wenn man so die grundlegende Haltung dieses Bibelberichtes als Tatsache ansieht, ist man der Meinung, daß Johannes nur Gerechtigkeit widerfährt, wenn vom medizinischen Standpunkt aus behauptet wird, er gebe genau wieder, was er als Folge der Lanzenwunde sah. Medizinisch gesehen gibt Johannes Tatsachen wieder, die jetzt vollkommen verständlich sind und genau erklärt werden können. Beim Beschreiten des von ihm aufgezeigten Weges wird eine realistischere und objektivere Kenntnis der Kreuzigung und Auferstehung möglich.

Kreuzigung war nicht dazu da, direkt zu töten, dazu gab es zahlreiche andere Möglichkeiten. Sie war zunächst und hauptsächlich eine Tortur und nicht die Form einer direkten Hinrichtung, so daß der Verurteilte gezwungen war, für zwei oder mehr

Tage zu hängen, bis er starb. Nachdem damals die drei Kreuzigungen vollzogen waren – Jesus mit zwei anderen –, war der nächste Schritt der Juden, Pilatus darum zu bitten, die Kreuzigung vor Sonnenuntergang zu beendigen, da dies der Tag zur Vorbereitung des Sabbats war. Die Soldaten, die angewiesen waren, jetzt zum direkten Töten die Gebeine der Opfer zu brechen, taten dies nur bei den zwei Verbrechern. Jesu Gebeine wurden nicht zerschlagen, sondern einer der Soldaten brachte ihm einen Lanzenstoß bei. Es gab keinerlei sichtbare Reaktion des Körpers auf diese Wunde, was jeder Anwesende für ein sicheres Zeichen des eingetretenen Todes hielt. Es gab jedoch diesen Austritt von Blut und Wasser aus der Wunde, welches eines der großen Rätsel der Kreuzigung blieb, damals und für lange unverstanden.

Im Falle Jesu Christi war die Lebensfunktion auf einen so niedrigen Stand reduziert, daß auch aktive Atmung nicht mehr wahrzunehmen war. Dies ist ein Zeichen für einen auf andere Art weitergeführten Stoffwechsel nach dem Zusammenbruch. Die Lungenatmung hatte eigentlich nicht aufgehört, wie es so offensichtlich durch das Ausbleiben der Atembewegungen des Brustkorbes schien, weil eine genügende Atmung durch das Schlagen des Herzens gegen die Lunge, die das Herz zu einem großen Teil umgibt, erreicht wurde. Hier haben wir die praktische Erfahrung bei der Beobachtung von aussetzender Atmung in der allgemeinen Narkose. Der Blasebalg des herkömmlichen Gerätes wird unter solchen Umständen den Herzschlag in leichten Atmungsbewegungen zeigen, während die Brust und das Zwerchfell sich in vollkommener Ruhe befinden.

Diese schwache Atmung im Falle Jesu Christi ist mit der Verdichtung des zirkulierenden Blutes verbunden. Da es nirgends eine schwere Blutung gegeben hat, ist die Kapazität des Blutes, Sauerstoff zu transportieren, erhalten geblieben, und da so wenig Sauerstoff zur Erhaltung des sehr geringen Stoffwechsels benötigt wurde, war eine aktivere Atmung physiologisch nicht erforderlich. Wegen diesem stark reduzierten physiologischen Zustand zeigte kein Zeichen der Atmung denen, die Christus gekreuzigt hatten, diese Tatsache, daß in unserem Herrn noch

Leben war, selbst ungefähr noch zwei Stunden nach dem Kollaps, so sagt das ›Blut und Wasser‹.

Dies sind die herausragenden Tatsachen, die eine genaue Untersuchung der Kreuzigung zeigen und die vom Standpunkt der menschlichen Anatomie und Physiologie erläutert sind, zusammen mit den Beweisen des Grablinnens Jesu, das die so wichtige Lanzenwunde zeigt, die Lanzenwunde, die sich in dem Teil des Körpers befindet, der die Bedingungen für den Austritt von ›Blut und Wasser‹ erfüllen konnte.

Die wissenschaftlich genaue Aussage von ›Blut und Wasser‹ sollte nun klar sein. Trotz aller gegenteiligen Erscheinungen lebte Christus noch zur Zeit des Lanzenstoßes. Johannes hat durch seine scharfe Beobachtung einen genauen Hinweis auf diese Tatsache gegeben. Dies hat er im Glauben getan, daß er einen Zustand des Todes bestätigte, aber es war die erste Feststellung des Überlebens von Jesus Christus nach seinem Leiden am Kreuz.

Dieses war eine kurze Darstellung meiner Forschung für die Presse. Der volle Wortlaut kann gelesen werden bei der Royal Society of Edinburgh.«

Dieser Brief des Dr. Primrose aus John Rebans Buch ist zwar in ziemlich schlechtes Deutsch übertragen, doch habe ich ihn wegen seines wissenschaftlichen Gewichts wörtlich übernommen.

Jesus war also bestenfalls in Bewußtlosigkeit gesunken, als man ihn vom Kreuz abnahm.

Nun mußten aber die drei Verurteilten vom Kreuz, weil es Freitagabend war und der Sabbat nicht mit einer Hinrichtung entweiht werden durfte. Nach jüdischem Verständnis begann der Sabbat am Freitagabend nach Sonnenuntergang. Bei den beiden Schächern beschleunigte man den Tod, wie wir gesehen haben – Jesus wurde jedoch nur für tot gehalten.

»Es standen aber alle seine Bekannten von ferne und die Weiber, die ihm aus Galiläa nachgefolgt waren, und sahen das alles.«

So steht es bei Lukas, und gemeint ist die Hinrichtung. Sie waren alle geschockt, Jünger wie Anverwandte, und hatten wohl nicht ernsthaft damit gerechnet, daß die Sache ein solches Ende nehmen würde. Nun standen sie also von ferne, verschreckt, erstarrt, und erlebten fassungslos den vermeintlichen Tod ihres verehrten Meisters mit.

Einen seiner Jerusalemer Anhänger jedoch konnte diese Entwicklung nicht überraschen, denn er hatte sie von Anfang an miterlebt. Es war der Ratsherr Joseph von Arimathia, ein guter und frommer Mann, wie es bei Lukas heißt. Er jedenfalls war bei der Abstimmung im Rat gegen eine Verurteilung gewesen. Als er sah, daß die Sache verloren war, traf er wohl seine Vorbereitungen. Was ich hier anführe, ist nur eine Vermutung, doch sie ist, wie ich meine, wohlbegründet.

Man darf von dem vermutlich älteren und erfahrenen Ratsherrn kaum annehmen, daß er nur – wie es heißt – zu Pilatus hineinging und um Jesu Leichnam bat. Gewiß, auch das tat er. Was er aber vermutlich noch tat, das war, die Wache bei dem Gekreuzigten zu bestechen, damit sie Jesus nicht die Knochen brachen. Vielleicht – wer weiß? – war sogar Pilatus bestechlich. Wer eine Provinz zu verwalten bekam, sah dies nur allzuoft als eine bequeme Pfründe, die man mit allen Mitteln ausbeutete. Der Hauptmann konnte guten Gewissens von Jesu Tod sprechen, denn dieser befand sich in tiefer Bewußtlosigkeit.

Joseph wird also schnell gehandelt haben. Er ging mit ein paar Dienern zum Kreuz, ließ die Nägel herausziehen, und wie es im Markusevangelium heißt:

»Und er kaufte eine Leinwand, nahm ihn ab und wickelte ihn in die Leinwand und legte ihn in ein Grab, das war in einen Fels gehauen, und wälzte einen Stein vor des Grabes Tür.«

Das Grab hatte, wie bei wohlhabenden Leuten üblich, der Ratsherr schon zu Lebzeiten für sich und seine Familie gekauft.

Das Herodesgrab. In einem Grab dieser Art (mit Rollstein zu verschließen) war auch Jesus vorläufig beigesetzt.
Mit freundlicher Genehmigung des Israel Department of Antiquities and Museums.

Diese Grabstätte stellte er jetzt dem verehrten Meister zur Verfügung, nachdem er ihn gesalbt und in ein Leintuch gewickelt hatte. Bei Johannes taucht noch ein weiterer Anhänger Jesu auf, ein Nikodemus, den er schon vorher einmal erwähnt hat.

». . . und brachte eine Mischung von Myrrhe und Aloe, gegen hundert Pfund. Sie nahmen nun den Leichnam Jesu und banden ihn in die Linnen samt den Spezereien, wie es Sitte ist, bei den Juden zu begraben.«

Dieser Tatsache haben wir eine der einmaligsten und wertvollsten Reliquien zu verdanken: das Turiner Grabtuch.

Das Grablinnen

Da es in diesem Buch nur am Rande um Glaubensdinge geht, soll auch Sinn oder Unsinn der Reliquienverehrung keine Rolle spielen. Es ist jedoch eine unbestrittene Tatsache, daß der größte Teil der in Kirchen und Klöstern bewahrten Reliquien falsch ist. Ich zitiere ein bekanntes Beispiel, wenn ich erwähne, daß so mancher populäre Heilige ein vielarmiges und vielköpfiges Ungeheuer sein müßte, falls sämtliche ihm zugeschriebenen Reliquien echt wären. Jesus selbst hätte vermutlich an zwei oder drei Kreuzen gehangen, würde man die zahllosen Kreuzpartikel zusammenzählen. Das liegt einfach daran, daß während der Kreuzzüge – außer militärischem Erfolg – nichts so sehr zählte wie der Erwerb kostbarer Reliquien. Als die Moslems diese ihnen höchst seltsam erscheinende Neigung erkannten, erschienen sie mit »echten« Reliquien bekannter und unbekannter Heiliger sowie mit Requisiten aller Art und verkauften sie teuer an die Kreuzritter.

So wurden im Mittelalter u. a. verehrt: eine Feder aus dem Flügel des Erzengels Michael, Muttermilch Mariens, Teile ihres Gewandes und ihrer Haare, Christi Blut in zahlreichen Abfüllungen, seine bei der Beschneidung entfernte Vorhaut und noch etliches mehr, das man gar nicht nennen mag, weil es so unglaublich klingt.

Es ist also bei Reliquien aller Art größte Vorsicht angebracht, und so war meine persönliche Meinung bisher, daß auch das in Turin aufbewahrte Grablinnen falsch sein müßte; schon deshalb, weil es noch ein halbes Dutzend anderer Grabtücher Jesu gibt.

Dieses Turiner Grabtuch ist 1,10 Meter breit und 4,36 Meter lang. Es ist ein grob gewebtes Leintuch von der Art, wie sie mehrfach aus der Antike – auch aus der Zeit vor Christus – überliefert sind. Im Gegensatz zu den meisten anderen Reliquien läßt sich die Geschichte des Grabtuchs relativ weit zurückverfolgen. Es war eine Reliquie des frühen Christentums, befand sich ursprünglich in Jerusalem und gelangte 438 durch die Kaiserin Eudoxia mit anderen Reliquien nach Byzanz. In einer anderen Version befand es sich eine Zeitlang in Edessa, ehe es nach Byzanz gelangte. In Konstantinopel genoß es jahrhundertelang größte Verehrung und wurde mehrmals von Chronisten erwähnt. 1201 wird das Tuch von dem byzantinischen Geschichtsschreiber Nikolaus Mesarites ausdrücklich als im Besitz der kaiserlichen Kapelle zur heiligen Maria in Konstantinopel genannt. In diesem Zusammenhang ist interessant, daß etwa ab Anfang des 6. Jahrhunderts eine völlige Änderung in der Jesusdarstellung zu verzeichnen ist.

Die frühchristlichen Bildnisse zeigen ihn bartlos, jung, als eine Art Apoll, während er später als bärtiger, erwachsener Mann mit langen Haaren gezeigt wird. Die Ähnlichkeit dieser Darstellung mit dem Abdruck auf dem Grablinnen ist so ins Auge fallend, daß die Künstler von Ostrom – und nach ihnen die des ganzen Mittelmeerraumes – sich nach dem Grabtuch orientiert haben müssen.

Im Jahre 1204, als ein vom fast hundertjährigen venezianischen Dogen Enrico Dandolo getäuschtes und bestochenes Kreuzritterheer anstatt der heiligen Stätten das Oströmische

Nachfolgende Doppelseite:
Das Leichentuch in der Johanneskathedrale in Turin. Die Aufnahme wurde während der Ausstellung der Reliquie im Jahre 1931 gemacht. Aus: Wilcox, Das Turiner Grabtuch. Econ Verlag 1978

75

Turiner Grabtuch.

Reich eroberte, sah der französische Ritter Robert von Clary das Grabtuch. Er berichtet:

»Und da gab es noch etwas zu zeigen in einer Kapelle, die Unsere Frau die heilige Maria von Blacherne heißt, wo die Grabtücher, worin Unser Herr eingehüllt wurde, sich befinden. Jedes der Glieder war ganz gerade ausgerichtet, so daß man die Gestalt Unseres Herrn gut sehen konnte. Man weiß aber nicht, was mit diesen Grabtüchern geschah, als die Stadt eingenommen wurde.«

Ritter Robert von Clary spricht von Grabtüchern, was vermutlich dadurch zu erklären ist, daß das große Tuch vielmals gefaltet war und damals wohl auch so gezeigt wurde. So entstand der Eindruck von mehreren Tüchern. Clary hat die Figur vermutlich nicht selber gesehen, sondern entnahm dies anderen Berichten. Immerhin beweist dies, daß damals die Umrisse einer Gestalt mit bloßem Auge zu erkennen waren. Der Abdruck dürfte in jener Zeit auch noch deutlicher gewesen sein, denn das Tuch überstand zwei Brände und wurde einmal ganz von Löschwasser durchtränkt.

Clary wußte nicht, was mit dem Tuch dann geschah, doch wir sind heute besser informiert.

1207 bestätigte der schon erwähnte byzantinische Chronist Nikolaus Mesarites, daß sich das Grablinnen zu jener Zeit noch in Konstantinopel befand.

Irgendwann zwischen 1248 und 1262 brachte der französische Ritter Otto de la Roche das Tuch dann in den Westen. In Byzanz herrschte noch immer das sogenannte lateinische Kaisertum; aber irgendwie ist es dem Ritter gelungen, mit Gewalt oder Geld – oder beidem – das Tuch zu erwerben.

Im Jahre 1455 verfaßte Jean Germain, Bischof von Chalon-sur-Saône, ein Verzeichnis der wichtigsten Reliquien und erwähnt auch das Tuch.

»Es existiert in Chambéry im Lande Savoyen das heilige Leichentuch aus dem Grabe Christi, worauf das Bild Christi abgedrückt ist.«

Also auch dieser Bischof erwähnt noch das Bild.

Von dieser Zeit an befindet sich das Tuch – und ist es bis

Zahlreiche Ikonen geben Details wieder, die die Künstler nur nach Einblick in das Leichentuch nachempfunden haben können. Die Abbildung zeigt ein Mosaik, das um 1100 in dem griechischen Kloster Daphni entstand.
Aus: Wilcox, Das Turiner Grabtuch. Econ Verlag 1978

heute – im Besitz des Hauses Savoyen. So berichtet auch Francesco della Rovere: »Dieses Linnen befindet sich beim Herzog von Savoyen und wird mit großer Verehrung behütet und aufbewahrt. Es ist rötlich von Blut.« Zweimal war das Tuch in Gefahr, ein Opfer der Flammen zu werden. 1349 in Besançon und 1532 in Chambéry wurde es aus Kirchenbränden gerettet. Die Brandspuren sind bis heute deutlich zu erkennen.

Inzwischen wird das Tuch etwa alle 33 Jahre öffentlich gezeigt, und das dadurch immer wieder aufflammende Interesse an einer ernsthaften Untersuchung nach den Erkenntnissen der modernen Wissenschaft hat mittlerweile zu Ergebnissen geführt, auf die ich noch zurückkomme. Zuerst aber soll berichtet werden, was den eigentlichen Anstoß zu alldem gab.

Das Wunder beim Fotografen

Ich habe schon erwähnt, daß das Grabtuch etwa alle 33 Jahre in der Öffentlichkeit gezeigt wird. 1898 war es wieder einmal soweit. Bei dieser Gelegenheit machte ein italienischer Rechtsanwalt namens Secondo Pia eine Amateuraufnahme. Als er die Negative – damals waren es Glasplatten – in der Hand hatte, stockte ihm der Atem. Eigentlich war es schon das Positiv, das er in Händen hielt, so deutlich zeigte sich der Körper eines liegenden Mannes, so genau war sein Antlitz mit geschlossenen Augen zu erkennen. Wir wissen heute, daß der Fotograf im Grabtuch quasi ein fotografisches Negativ vor sich hatte, das die scharfen Salben – Aloe und Myrrhe – in das Tuch gebeizt hatten.

Bei der nächsten Zurschaustellung, also 1931, wollte man es noch einmal ganz genau wissen. So erhielt der Turiner Berufsfotograf Giuseppe Enrie im April 1931 vom Erzbischof von Turin den offiziellen Auftrag, das Grablinnen aufzunehmen. Er selbst berichtet darüber:

»Mein Auftrag lautete dahin, die Arbeit am 3. Mai 1931 zwischen einhalb elf Uhr abends und ein Uhr früh auszuführen. [. . .] Nachdem ich meine Arbeit mit dem allgemein bekannten Erfolg abgeschlossen hatte, wollte ich auch die technische Korrektheit der Fotografie bestätigen lassen. Sechs Berufsfotografen bestätigten nach genauer Prüfung, daß die Aufnahmen ohne jede Retusche oder sonstige künstliche Manipulation entstanden sind und das Grablinnen genau wiedergeben. [. . .] Auf dem Negativ der Aufnahme zeigte sich, daß eines der größten Wunder des Grabtuches darin besteht, daß auf dem fotografischen Negativ ein Positiv zu sehen ist. Als Negativ zeigen sich auf der Negativabbildung lediglich die Blutspuren, während alles, was sich auf die Körperumrisse bezieht, in einem erstaunlichen Positiv heraustritt.«

Dies war in gekürzter Form die Aussage des Fotografen.

Natürlich wußte man, daß auf dem Grabtuch die ungefähren

Umrisse eines Menschen zu sehen sind, aber so deutlich, daß man die Gesichtszüge erkennen kann, wurde die Sache erst durch das fotografische Negativ. Dieses zeigt die nackte, ausgestreckt liegende Gestalt eines Menschen mit über dem Schoß gekreuzten Händen, geschlossenen Augen, schulterlangen Haaren und einem undeutlich sichtbaren mittellangen Bart. Daneben sind überdeutlich die Spuren der beiden Brände zu erkennen.

Die immer wieder aufgetauchte Vermutung, die Figur sei von einem Maler auf das Linnen gezeichnet worden, läßt sich – so berechtigt der Verdacht auch sein mag – nicht halten.

Abgesehen davon, daß sich keine Spur einer herkömmlichen Farbe findet, wäre es dem mittelalterlichen Maler unmöglich gewesen, die Abdrücke eines liegenden Menschen mit einer solchen Präzision aufzuzeichnen. Abgesehen davon: Die Abdrücke der Salben sind für das bloße Auge sehr undeutlich, und mit der Möglichkeit der Fotografie konnte im frühen Mittelalter niemand rechnen.

Moderne Untersuchungen

Dies bedeutet allerdings noch lange nicht, daß das Tuch auch aus der Zeit Christi und aus Palästina stammt. Bis in die neueste Zeit wehrte man sich, dem Linnen Proben zu entnehmen und eine Altersuntersuchung nach der C-14-Methode zu machen. Auch mikroskopische Proben auf irgendwelche Spuren waren bislang nicht unternommen worden.

Die »Deutsche Tagespost« schrieb am 24. März 1976:

»Das Turiner Grablinnen, in dem der Legende und gläubiger Verehrung nach der gekreuzigte Christus bei der Bestattung seinen Blut- und Schweißabdruck hinterlassen hat, stammt tatsächlich aus der Zeit Christi und aus Palästina, und es wurde in der Türkei, in Frankreich und Italien ausgestellt. Diesen Nachweis erbrachte der Züricher Naturwissenschaftler, Kriminalist und Mikrospurenforscher Prof. Max Frei nach eingehenden Analysen

82

versteinerter Staubteilchen, die er im November 1973 den beiden unteren Ecken des Leichentuches entnommen hatte.

Unter dem elektronischen Mikroskop und in komplizierten chemischen Analysen erwiesen sich die Staubteilchen als versteinerter Blütenstaub. In seinem abschließenden Untersuchungsbericht vom 8. März, der am Wochenende in Turin bekannt wurde, erklärt Frei seine Methode: ›Es kam darauf an, die Pflanzentypen zu isolieren, die es in Westeuropa nicht gibt, festzustellen, wo sie wachsen und wie alt die auf dem Linnen gefundenen Blütenstäubchen sind, sowie deren Charakteristiken mit bereits katalogisiertem Material derselben Gegend und desselben geschichtlichen Zeitraums zu vergleichen.‹

Frei fand Blütenstaub von sechs Pflanzenarten, die nur in Palästina wachsen, von einer türkischen und acht mediterranen Spezien. Das bestätigt den traditionellen Weg des Linnens, das vom Jahre 438 an in Konstantinopel aufbewahrt worden sein soll und im 14. Jahrhundert in Frankreich und Belgien, im 16. Jahrhundert in Savoyen ausgestellt wurde und schließlich in Turin verblieben ist. ›Ich weiß nicht‹, schreibt Frei in seinem Gutachten, ›ob in diesem Linnen die Leiche Jesu Christi eingewickelt war und ob es sich um das gleiche Linnen handelt, von dem im Evangelium die Rede ist. Ich kann jedoch mit Sicherheit behaupten, daß dieses Gewebe aus der Zeit Christi stammt und daß es in Palästina, der Türkei, in Frankreich und schließlich in Italien der freien Luft ausgesetzt war.‹ Seine komplexen Untersuchungen, bekennt der Schweizer Mikrospurenforscher, seien ›nicht ohne Emotionen gewesen, auch für mich, der ich kein Katholik bin‹.«

Damit wären Herkunft und Alter des Tuches nach allen Regeln wissenschaftlicher Kriterien geklärt. Nimmt man noch die gesicherte Tradition seiner Herkunft hinzu, so kann man mit an Sicherheit grenzender Wahrscheinlichkeit behaupten, daß es sich um Jesu Grabtuch handelt. Eine C-14-Untersuchung steht allerdings noch aus; denn dazu bräuchte man etwas Material aus dem Tuch, und die Kirche wird dies kaum zulassen, auch wenn, wie *Der Spiegel* 1978 etwas naiv schreibt, diese Untersuchung nur 12 500 Dollar kosten würde . . .

Denn eines wäre noch zu bedenken: Die Abdrücke des in das Tuch gewickelten Menschen zeigen mit absoluter Sicherheit einen Gekreuzigten. Deutliche, starke Blutspuren sind zu finden an den Handgelenken und Füßen, an der Brust und am Kopf. Daneben, über den ganzen Körper verstreut, Spuren kleinerer Wunden, von den Peitschenhieben und anderen Mißhandlungen herrührend.

Diese Spuren zeigen mit aller Deutlichkeit, daß einige dieser Wunden noch im Grabtuch heftig geblutet haben. Es ist aber nun eine feststehende medizinische Tatsache, daß Tote nicht mehr bluten. Schätzt man das ganze Hin und Her nach Jesu angeblichem Tod gegen 15 Uhr nachmittags ungefähr ab, so muß mindestens eine Stunde vergangen sein, bis Joseph von Arimathia den Pilatus um Erlaubnis fragte, wieder zur Richtstätte ging, die Nägel entfernt waren und Jesu Körper, in Linnen gewickelt, im Grab lag. Wahrscheinlich vergingen darüber jedoch zwei Stunden oder mehr. Nach dieser Zeit ist das Blut bei Toten längst gestockt, die Oberfläche der ja nicht allzu großen Wunden eingetrocknet. Wir hätten dann zwar den Abdruck des Körpers auf dem Linnen, doch keine oder nur unwesentliche Spuren von Blut.

Wie allerdings die Abdrücke auf das Tuch gelangt sind, hat seit Jahrzehnten die stärksten Kontroversen entfacht. Die These, daß dies durch eine Art Lichtblitz geschah in dem Moment, als Jesus auferstand, ist wissenschaftlich nicht vertretbar und gehört in den reinen Glaubensbereich. Der amerikanische Journalist Robert K. Wilcox, der für sein Buch »Das Turiner Grabtuch« viele Wissenschaftler nach ihrer Meinung befragte, wurde von den Strahlenforschern Patterson und Myers in San Francisco aufgeklärt.

»Röntgen- und Gammastrahlen sind die wichtigsten ionisierenden Strahlen, und beide kamen, so erklärte man mir, als Entstehungsursache für das Turiner Phänomen nicht in Frage: Röntgenstrahlen können überhaupt nur mit technischen Mitteln künstlich hervorgerufen werden, und Gammastrahlung kommt in natürlicher Form auch bloß in bestimmten radioaktiven Materialien wie beispielsweise Uran vor. Außerdem sei die Wirkung dieser Strahlen ganz spezifisch, eine Erscheinung wie etwa das Abbild auf dem Turiner Grabtuch könnten sie niemals hervorbringen.«

In einem religiösen Traktat eines »Bruder Klaus«, das auch die These eines »Lichtblitzes« vertritt und in katholischen Kirchen verteilt wurde, wird noch ein Umstand erwähnt, der allerdings nicht Glaubenssache, sondern schlichter Blödsinn ist. Da heißt es:

»Die Augen bedeckten zwei Münzen von Pontius Pilatus. [. . .] Eine Reliefvergrößerung des Antlitzes läßt auf den Augenlidern zwei Kreise erkennen, die inzwischen als Geldstücke mit dem Bilde von Pontius Pilatus identifiziert werden konnten, welche im Jahre 30 oder 31 geschlagen worden sind.«

Es war freilich bei vielen alten Kulturen üblich, dem Toten Geldstücke in den Mund oder auf die Augen zu legen, damit er den Fährmann Charon bezahlen konnte, der ihn über den Styx fuhr. Fraglich ist dabei allerdings, ob die Juden solch heidnische Bräuche übten. Daß die Münzen allerdings das Bildnis des Pilatus trugen, ist barer Unsinn; denn niemals wurden in der römischen Kaiserzeit Münzen mit Darstellungen von Menschen geprägt, die nicht dem Kaiserhaus angehörten.

So kann man abschließend nur sagen: Solange nichts anderes bewiesen ist, müssen wir daran glauben, daß die scharfen ätherischen Salben zusammen mit dem austretenden Blut die Abdrücke bewirkt haben. Eine Art Verbrennung – auch ohne »Lichtblitz« – findet dabei durch Oxydation auf kaltem Wege auch statt.

Faßt man die Untersuchungsergebnisse von STURP (Shroud of Turin Research Project Incorporated), einem Expertenteam von 32 amerikanischen Wissenschaftlern, zusammen, die im Oktober 1978 das Grabtuch nach allen Regeln ihrer Kunst untersuchten, so wäre am besten ein Zitat aus »elrad«, einer Zeitschrift für Elektronik, vom August 1982 anzuführen:

»Sieht man die Untersuchungen aller Grabtuchexperten als Ganzes, so kann man davon ausgehen, daß die Blutflecken von echtem Blut verursacht wurden. Es gilt ebenso als sicher, daß das Tuch den Körper eines Mannes einhüllte, der nicht nur die Tortur der Kreuzigung durchmachte, sondern dem auch andere Wunden zugefügt wurden, die den in der Bibel beschriebenen sehr ähnlich sind.«

Was nun die Abdrücke des Körpers betrifft, so blieben auch für das Expertenteam einige nicht oder noch nicht zu klärende Fragen offen. Trotzdem wurde festgestellt:

»Man kam zu dem Ergebnis, daß die Zersetzung von Zellulose, angeregt durch natürliche Substanzen, die sich auf dem Tuch befanden oder mit denen der Leichnam balsamiert wurde, für den Abdruck auf dem Grabtuch verantwortlich sei.«

Ein Mehr an wissenschaftlichen Untersuchungen – vom C-14-Test abgesehen – wäre derzeit nicht möglich.

Wenn die katholische Kirche auch zu diesem Phänomen keine oder nur undeutlich Stellung nimmt und die Reliquie offiziell nicht anerkannt ist, so haben sich doch neunzehn Päpste seit Gregor XIII. ausdrücklich positiv über das Grablinnen geäußert, und seine Verehrung wird im Dom von Turin stillschweigend geduldet.

Zweifel am Tod

Kurt Berna, der schon erwähnte Erforscher des Grabtuches, gründete in den fünfziger Jahren eine Gesellschaft mit dem Namen: »Deutschland-Konvent für das Linnen.« Er bombardierte den Papst, Bischöfe und Presseagenturen mit der ihm neu erscheinenden Erkenntnis, Jesu habe seine Hinrichtung überlebt. Als »John Reban« brachte er ein Buch heraus mit dem Titel: »Christus wurde lebendig begraben. Erste Beweise für die Auferstehung.« Wir werden noch sehen, daß er keineswegs der erste war, der solche Behauptungen aufstellte.

Am 26. Februar 1959 sandte Berna ein Schreiben in lateinischer Sprache an Papst Johannes XXIII. Ich zitiere hier die in Bernas Buch abgedruckte deutsche Übersetzung.

»Eure Heiligkeit! Der deutsche Forschungs-Konvent für das in Turin aufbewahrte Grablinnen Christi hat genau vor zwei Jahren, im März 1957, seine in mehreren Jahren erarbeiteten Forschungsergebnisse dem Heiligen Offizium in Rom und der allgemeinen Öffentlichkeit übergeben.

In den vergangenen 24 Monaten haben mehrere Spezialisten deutscher Universitäten sich bemüht, diese Forschungsergebnisse, diese so ungewöhnlichen Entdeckungen zu widerlegen.

Aber es kam anders. Diese Kritiker, die mit ihren wissenschaftlichen Voraussetzungen mit Hochgenuß unsere Entdeckungen zunichte gemacht hätten, mußten – sofern sie sich nicht in aller Stille zurückgezogen hatten – die volle Stichhaltigkeit und die weltweite Bedeutung für das Christentum und Judentum anerkennen und bestätigen. Es wäre müßig und diesem Schreiben nicht entsprechend, hierzu auch die übergroße Anzahl entsprechender Pressekommentare des In- und Auslandes anzuführen.

Nach Lage der Dinge hat nunmehr als unwiderlegbare Forschungsaussage – das ist der öffentliche Anspruch des Konvents – zu gelten:

1. Das in Turin aufbewahrte, von der Christenheit verehrte, von vielen Päpsten als Grablinnen Christi bezeichnete Turiner Linnen hat als echt zu gelten.

2. Es sind entscheidende Beweise vorhanden, daß Jesus Christus nach der Hinrichtung, nach Entfernung der Dornenkrone in dieses heute in Turin aufbewahrte Linnen gelegt wurde.

3. Laut dem vorhandenen Beweismaterial ist es nun eine wissenschaftliche Tatsache, daß der Körper des Gekreuzigten zu diesem Zeitpunkt, als er in das Linnen gelegt wurde und einige Zeit darin lag, im medizinischen Sinne nicht verstorben war, denn zu diesem Zeitpunkt ist eine Herztätigkeit im Körper einwandfrei nachweisbar. Die vorhandenen Blutabdrücke, ihre Lage und Gestalt, das Vorhandensein an und für sich im Linnen bringen den

klaren wissenschaftlichen Beweis, daß die damalige Hinrichtung im juristischen Sinne nicht vollendet wurde.

Die heutige Lehre für die Christenheit, ebenso die in der Vergangenheit, ist und war in diesem Punkt nicht richtig.

Eure Heiligkeit! Das ist die wissenschaftliche Lage heute. Vor der Aufstellung dieser drei Punkte, die für jeden Christen zwangsläufig bedeutend sind, wurde gesagt, daß es sich um unwiderlegbare Forschungsaussagen handele. Diese Unwiderlegbarkeit hat eine einzige und entscheidende Einschränkung: Alle genannten Entdeckungen wurden im Laufe der letzten zehn Jahre an Hand der von Papst Pius XI. im Jahre 1931 veranlaßten, authentischen photographischen Abbildungen des Grablinnens gemacht.

Es gibt noch einen Weg – einen einzigen Weg –, alle diese Entdeckungen doch zu widerlegen: Die Photographien stellten zwar ein sehr gutes Forschungsmaterial dar, was Sinn und Zweck der damaligen Aufnahmen war, aber sie können nicht ersetzen:

a) Eine moderne chemische Untersuchung der im Linnen vorhandenen Blutabdrücke, ferner mikroskopische Untersuchungen und dergleichen.

b) Eine Prüfung des Linnens mit Röntgen-, infraroten und ultravioletten Strahlen, um nur einige der modernen Möglichkeiten zu nennen.

c) Die Datierung mit Hilfe der Atomuhr, dem sogenannten »Kohlenstoff-14«-Verfahren. Für eine exakte Analyse werden dazu vom Grablinnen ca. 300 Gramm benötigt. Diese Menge bedeutet keine nennenswerte Beschädigung des Linnens, denn man benötigt nur je zwei Zentimeter breite Streifen von den beiden 4,36 Meter langen Seitenteilen des Linnens. Es wäre dann, statt wie heute 1,10 Meter, 1,06 Meter breit, während die Länge von 4,36 Metern unverändert bliebe. Die wichtigen Teile des Linnens würden dabei nicht im geringsten beschädigt.

Kein Christ dieser Erde, nur Eure Heiligkeit als Papst der Kirche kann diese Behandlung der Reliquie anordnen.

Diese Entdeckungen zu widerlegen ist nur dann möglich, wenn die obengenannten Untersuchungen durchgeführt werden können. Ebenso können sie ihre endgültige Bestätigung finden. Vielleicht ist auch diese Möglichkeit einer der Gründe, warum solche Untersuchungen am Linnen seit längerer Zeit verhindert werden. Aber hat die Kirche irgendeine Wahrheit zu fürchten, wie immer sie aussehen mag? Doch ohne Zweifel nein!

Ebensowenig hat der deutsche Forschungs-Konvent eine Widerlegung seiner Entdeckungen zu fürchten, denn er hat mit den vorhandenen Mitteln und Unterlagen eine ehrliche Forschung durchgeführt. Aber niemand und nichts auf dieser Welt kann jetzt diese Entdeckungen widerlegen. Das ist ein öffentlicher Anspruch des Konvents! Nur eine Untersuchung am Objekt direkt könnte noch eine Widerlegung bringen.

Aus allen den genannten überaus ernsten Gründen wird Eure Heiligkeit von Herzen gebeten, die wenigen notwendigen Worte zu sprechen, damit die Kirche das übrige veranlassen kann. Zahlreiche der Kirche und anderen Gemeinschaften angehörende Kapazitäten werden zur Verfügung stehen, wenn die Kirche ruft.

Im Auftrag des »Deutschland-Konvent für das Linnen«, im Interesse zahlreicher Grablinnenforscher außerhalb des Konvents, aber auch als Angehöriger der römisch-katholischen Kirche bitte ich Eure Heiligkeit, entsprechende Anordnungen zu geben.«

Warum Kurt Berna mit einem solchen wissenschaftlichen Eifer diese These seit Jahrzehnten verfolgt, ist nicht ganz klar. Denn am Ende glaubt er doch an die Himmelfahrt, wie sie in den umstrittenen Teilen des Evangeliums – getreu griechischen Vorbildern – geschildert ist.

Berna – er heißt eigentlich Hans Naber – hat sein ganzes Dasein bis zum materiellen Ruin dem Grablinnen gewidmet. Er saß wegen Schulden im Gefängnis und mußte sich auch vorwerfen lassen, er habe die Blutflecke auf einem Foto nachgedunkelt. Diesem Vorwurf begegnete er damit, daß er sie nur besser sichtbar machen wollte und sie früher ja auch dunkler gewesen seien, was ja im übrigen sogar stimmen mag.

Der indische Imam J.D. Shams hat ähnliche Fragen untersucht. Er zitiert u.a. den schwedischen Arzt Hugo Toll, der in seinem Buch »Dog Jesus pa Korset?« schon in den zwanziger Jahren die Meinung vertrat, daß nach allem, was man heute weiß, der Tod am Kreuz höchst unwahrscheinlich ist. Hier einige Zitate aus dem Buch:

»Jesus hing am Kreuz, höchstwahrscheinlich nackt. In dieser Jahreszeit war es kalt (Joh. 18,18). Vor der Kreuzigung bot man Jesus etwas zu trinken an. Wir wissen nicht genau, was es war: Wein und Galle oder Wein und Myrrhe. ›Als er davon kostete, wollte er nicht trinken‹ (Matth. 27,35). Wenn der Hals durch große Qualen verengt ist, kann man nicht schlucken. Wenn Menschen geistig oder körperlich leiden, verlangen sie oft Wasser, aber sie können es nicht trinken. Dies kann auch der Beweis für zeitlich bedingte Nervenschwäche sein.

Matthäus (27,50) sagt, daß Jesus schrie ›mit lauter Stimme‹ und den Geist aufgab. (Die Betonung liegt auf ›laut‹.) Dem Centurio entging diese Tatsache nicht. Er wußte vielleicht durch Erfahrung, daß die Leute beim Sterben gewöhnlich keinen Schrei ausstoßen. Während er schrie, muß Jesus noch ziemliche Kraftreserven gehabt haben. Im Evangelium des Johannes gibt es einige Hinweise, die einen Arzt schon interessieren können, denn sie sind so realistisch und so typisch für einen Schockanfall oder einen Kollaps. [...]

Nur wenige Menschen starben an der Kreuzigung. Eusebius hat uns Szenen der Diokletianischen Christenverfolgung überliefert, und er sagt, daß gekreuzigte Personen nach einigen Tagen an Erschöpfung, Hunger oder Angriffen von Raubvögeln und wilder Tiere starben. [...] Jesus könnte an Erschöpfung und Blutungen gestorben sein, aber das ist unwahrscheinlich. [...]

Jesus war am Morgen ausgepeitscht worden. Wir wissen, daß eine starke Reizung der Haut Ödeme und Blasen hervorrufen kann ... Einer der Soldaten sah die Blasen und stach eine auf, vielleicht aus Unfug oder Unachtsamkeit, so daß er Jesus verwundete und Blut und Wasser austraten. Jetzt war Jesus scheinbar tot, unbeabsichtigt. Doch die armen unwissenden Menschen verstanden nicht, daß Jesus noch lebte.«

Mir gefällt der etwas zynische Ton dieses Arztes auch nicht, doch sollten die Zitate nur belegen, daß schon vor Kurt Berna sich Menschen Gedanken über eine überstandene Kreuzigung gemacht haben. In diesem Fall war es noch dazu ein Arzt, der die Sache aus medizinischer Sicht sah und seine Schlüsse daraus zog.

Da diesen »Herzstich« nur Johannes, die Synoptiker aber nicht erwähnen, könnte man ihn ohnehin anzweifeln, gäbe es nicht die eindeutigen Spuren auf dem Grablinnen. Dabei ist der Ausdruck »Herzstich« etwas voreilig gewählt, denn bei Johannes heißt es nur: »Einer von den Soldaten öffnete ihm mit einer Lanze die Seite, und sogleich flossen Blut und Wasser heraus.«

Das muß übrigens kein gezielter Stich ins Herz gewesen sein, sondern lediglich die Probe, ob Jesus auf den Schmerz noch reagierte.

Doch kehren wir zu der medizinischen Tatsache zurück, daß Tote nicht mehr bluten.

Tote bluten nicht

Als Joseph von Arimathia den Körper Jesu zur freien Verfügung bekam, hat er vermutlich einige kräftige Diener mit zur Richtstätte genommen. Die Abnahme eines Gekreuzigten ging wahrscheinlich so vor sich, daß man das Kreuz vorsichtig umlegte, um dann die Nägel aus Händen und Füßen zu ziehen. Inzwischen war es sechs oder sieben Uhr abends geworden. Nach jüdischer Rechnung beginnen die Tage nicht um Mitternacht, sondern am Abend zuvor. Der Sabbat also begann schon am Freitagabend, und nun mußten sich Joseph und seine Diener beeilen, um kein unliebsames Aufsehen zu erregen. Zwar besaß Joseph die Erlaubnis des Pilatus und war damit »gedeckt«, doch dieser Akt hätte trotzdem bei zahlreichen Leuten, die der Meinung waren, ein Hingerichteter gehöre auf den Schindanger, Aufsehen und Anstoß erregen können.

Vermutlich reinigten sie den Körper an Ort und Stelle, salbten ihn und wickelten ihn in das Grablinnen.

Beim Abnehmen vom Kreuz rissen natürlich die Nagelwunden wieder auf, beim Reinigen und Salben mag es anderen, schon verkrusteten Wunden ähnlich ergangen sein. Da Jesus nun, wie wir gesehen haben, nicht tot war, begannen diese Wunden erneut stark zu bluten. Sie bluteten im Linnen so heftig weiter, daß sich diese Spuren bis heute in aller Deutlichkeit erhalten haben. Kurt Berna hat dies genauestens erforscht und schreibt in seinem Buch:

»Mit jedem Herzschlag ist ein kleiner Tropfen Blut aus dieser wieder offenen Nagelwunde am Fuß ausgeflossen, offene Wunde, weil der Nagel entfernt war. Ein Tropfen nach dem anderen floß an der Fußsohle abwärts zur Ferse. An der Ferse und um diese herum haben sich die ausgeflossenen Blutstropfen gesammelt. Gleichzeitig hat das nun aktiv werdende Fibrin im Blut das Blutserum aus dem entstehenden Blutkuchen ausgepreßt (das ist Aufgabe des Fibrins bzw. der Stoffe, aus denen das Fibrin entsteht, um an Wunden eine Blutkruste entstehen zu lassen).

Dieses ausgepreßte Blutserum ist deutlich in Form zahlreicher Serumränder im Grablinnen geblieben und noch heute gut zu sehen. Ein absoluter wissenschaftlicher Beweis, daß es sich um frisches Blut handelte. Absolut bedeutet hier unwiderlegbar. Einmal trocken gewesenes Blut – das durch irgendeinen Umstand wieder flüssig würde – gibt keine derartigen Serumränder mehr, weil das Fibrin verbraucht ist. Frühere Forscher wußten das nicht, wie zum Beispiel Vignon im Jahre 1905. Die gesamte Grablinnenforschung des Vatikans ist diesbezüglich auf diese Ergebnisse aus dem Jahre 1905 aufgebaut. Auch Barbet hat diese 1935 noch übernommen, und die meisten Forscher des Vatikans und in Turin nehmen es von Vignon und Barbet.

Nachdem aus dieser offenen Nagelwunde immer weiter Tropfen um Tropfen floß, was wieder ohne Herzschlag nicht möglich gewesen wäre, weil eine Leiche nicht ›so‹ aus Wunden bluten kann, war an der Ferse zuletzt so viel Blut, daß es sich einen Weg nach rechts bahnen mußte. Auch dort sind die zahlreichen Serumränder (Serumhöfe) entstanden. Die mengenmäßig fast gleichen Blutmengen, nur in anderer Form, sind ebenfalls am anderen Fuß entstanden, der genauso geblutet hatte. Es kann außer den 26 anderen Blutungen auch bei diesen beiden Großblutungen nicht der geringste wissenschaftliche Zweifel bestehen für den Beweis einer Herztätigkeit im Körper dieses Gekreuzigten, als er schon lange im Grablinnen lag. Lange, weil die Menge des Blutes zur Entstehung relativ lange gebraucht hat.«

Kurt Berna hat die Spuren von mindestens achtundzwanzig Blutungen entdeckt – große, mittlere und kleine, und sie sind der letzte und eindeutige Beweis, daß im Turiner Grabtuch ein lebender Mensch mit voller Herztätigkeit gelegen hat.

Allerdings gibt es auch Gegner dieser These. Zwar sind die Spuren von Blut gerade an den überlieferten Stellen – Hände, Seitenwunde, Füße – so deutlich, daß bisher noch niemand ernsthaft an ihnen gezweifelt hat, doch daß ein Lebender im Grabtuch lag, können konservative christliche Kreise aus naheliegenden Gründen, selbst wider den Augenschein, nicht bejahen.

Dem vielleicht noch immer zweifelnden Leser gebe ich den Rat, er möge seinen Hausarzt fragen. Jeder Arzt hat als Medizinstudent an Sektionen teilgenommen. So wird er sich gewiß daran erinnern können, ob Tote bluten oder nicht.

Fälscher im Vatikan?

Als Kurt Berna in den fünfziger Jahren mit dem erwähnten Aufwand und durch Gründung einer eigenen Gesellschaft seine Entdeckungen am Grablinnen zu verbreiten begann, legte sich die katholische Kirche quer. Entweder er erhielt keine Antwort, oder seine Darlegungen wurden mit nichtssagenden Erwiderungen abgefertigt. Auf den von mir abgedruckten Brief an Papst Johannes XXIII. – obwohl er in Lateinisch geschrieben war, der offiziellen Sprache des Vatikans – erhielt Berna von der »Apostolischen Nuntiatur in Deutschland« die lakonische Antwort:

»Auf Ihre Anfrage bezüglich des Turiner Linnentuches habe ich im Auftrag des Staatssekretariats S. H. mitzuteilen, daß Seine Eminenz Kardinal Maurilio Fossati, Erzbischof von Turin, nicht geneigt ist, dem Ersuchen zu entsprechen.«

Vermutlich hat der Papst das Schriftstück gar nicht zu Gesicht bekommen.

Dabei wären Bernas Theorien, selbst wenn die Kirche sie anerkennen würde, für den Glaubensinhalt nur von untergeordneter Bedeutung. Ob nun Jesus die Hinrichtung überlebt hat oder nicht: Kurt Berna zweifelt ja nicht im geringsten an der Auferstehung im Fleische. Und das ist doch offensichtlich der Zentralpunkt der christlichen Religion, so wie sie im traditionellen Sinn zu verstehen ist. Während der Protestantismus in seiner modernen Richtung die Auferstehung nur noch symbolisch auslegt, heißt es in der katholischen Kirche nach wie vor: Wer an die leibliche Auferstehung nicht glaubt, kann kein Christ sein.

Durch dergleichen ließ sich Kurt Berna allerdings nicht entmutigen. Er gab eine Broschüre heraus, in der er behauptete, daß die Kirche mit dem Grablinnen in Turin geheime Aktionen durchführe. Der Vatikan reagierte am 20. Juni 1969 so darauf: Annibale Bugnini, Untersekretär der »Vatikankongregation für Riten«, bezeichnete den Inhalt der Broschüre als jeglicher Grundlage entbehrend und fügte hinzu, daß der Vatikan zu diesem Zeitpunkt nicht beabsichtigte, die Frage des Grablinnens aufzugreifen.

Diese Nachricht wurde am 20. Juni 1969 der Presse übergeben, während Berna – ich weiß nicht wie – herausbrachte, daß vier Tage vorher, am 16. Juni 1969, »die versiegelte Truhe mit dem Grablinnen Jesu erstmals seit sechsunddreißig Jahren wieder geöffnet worden und das Grablinnen drei Tage lang von zehn Experten geheim untersucht worden war«.

Hatte die alleinseligmachende Kirche das achte Gebot des Herrn vergessen? Diese Frage ist natürlich nur hypothetisch, denn die römische Kirche hat in fast zweitausend Jahren Geschichte zur Durchsetzung ihrer Ziele mehr auf sich geladen als eine simple Lüge.

Kurt Berna, eine Art Kohlhaas des Grablinnens, erhob förmlichen Protest gegen die Aussage Bugninis. Laut Berna haben zweitausend Zeitungen im In- und Ausland den Bericht über seinen Protest gebracht, nur nicht dpa. Berna witterte dort einen Gegner und schreibt:

»Schon im Jahre 1956 hat eine leitende Person des Kulturressorts der Deutschen Presse-Agentur (dpa), Hamburg, den Grundstein für solch eindeutige Nachrichtenunterdrückung gelegt. Diese Person hat im Jahre 1956 persönlich und wörtlich in ihrem Dienstzimmer zum Autor gesagt: ›Wir berichten über dieses Thema nicht.‹ [. . .]
Bis zum Frühjahr 1970 – also fast vierzehn Jahre lang – hat diese leitende Person ihre Aussage ›Wir berichten über dieses Thema nicht!‹ total durchgehalten und durchgesetzt.«
Am 3. Januar 1970 übergab Berna der Nachrichtenagentur Reuter eine neue sensationelle Meldung.

»Das Grablinnen, in das Jesus Christus nach seiner Kreuzigung gelegt worden sein soll, ist nach Aussage der ›Internationalen Stiftung für das Grablinnen Jesu‹ in Gefahr.
Die Gesellschaft erklärte, daß sie Informationen aus zuverlässiger Quelle besitzt, wonach die Gruppe im Vatikan, die die Zerstörung der Reliquie durchsetzen will, immer mehr im Begriff ist, die Oberhand zu gewinnen.
Diese Information ist dem Londoner Büro zugegangen, aber es war noch nicht geklärt, ob die beabsichtigte Zerstörung tatsächlich stattfinden soll.
Die Stiftung, die ihren Hauptsitz in Zürich hat, wurde vor sechs Jahren gegründet, um das Grablinnen, das in Turin aufbewahrt wird, öffentlich zu fördern. Sie hat bis jetzt 70 000 Pfund (damals etwa 550 000 DM) für dieses Vorhaben ausgegeben.
Der westdeutsche Präsident dieser Stiftung, Herr Kurt Berna, erklärte, daß das Kommuniqué herausgegeben wurde wegen der sich verdichtenden Spekulationen im letzten Monat über die Zerstörung des Grablinnens.

95

Er sagte, Gerüchte zirkulierten in den ersten drei Monaten letzten Jahres, seien aber vom Vatikan dementiert worden.

Herr Kurt Berna behauptet, wenn die Echtheit des Grablinnens bewiesen sei, würde dies bedeuten, daß Jesus Christus nicht am Kreuz gestorben ist.

Blut auf dem Gewebe lasse darauf schließen, daß das Herz Jesu noch schlug, als man ihn in das Grablinnen legte.

In Rom bezeichneten Kreise des Vatikan die Behauptung, das Grablinnen sei in Gefahr, als ›unbegründet und leichtfertig‹.«

Kaum war der Wirbel um diese Affäre verebbt, als Berna den Vatikan der bewußten Fälschung von Bildern bezichtigte, um den so peinlichen Tatbestand, Jesus hätte überleben können, zu unterdrücken. Es ging um ein von Berna in seinem Buch »Inquest on Jesus Christ« veröffentlichtes Bild der Nagelwunde an der linken Hand. Ein Monsignore Giulio Ricci wurde von Berna beschuldigt, das in die Vatikanzeitschrift »Osservatore della Domenica« übernommene Bild verfälscht zu haben. Berna übergab der Associated Press am 25. Mai 1970 darauf ein Protestschreiben zur Veröffentlichung. Er selbst überreichte die Protestnote direkt im Vatikan. Sie lautet:

»Vatikanstadt, 25. Mai (AP). – Der Präsident einer Schweizer Stiftung, die behauptet, Christus habe noch gelebt, als man ihn vom Kreuz nahm, hat heute dem Vatikan ein Protestschreiben überreicht, in dem Wissenschaftler der Kirche der Fälschung bezichtigt werden.

Kurt Berna, Präsident der Internationalen Stiftung für das Grablinnen Jesu, behauptet, der Vatikan habe Christus in seinen kürzlich stattgefundenen Untersuchungen am Kreuz so dargestellt, als ob er seine rechte Hand zu einem ›faschistischen oder Nazigruß‹ erhebe.

Er äußerte, man habe dies getan, um ein Argument dafür zu haben, daß Christi Blut nicht nach der Kreuzabnahme geflossen sei. Berna dagegen führte aus, das Blut sei geflossen, weil Christus nicht verstorben war.

Die Anschuldigung der Züricher Stiftung war das letzte Kapitel einer lange andauernden Kontroverse über das heilige Grablinnen, ein Stück Linnen, welches als das Grabtuch Jesu verehrt wird.

Das Grabtuch wird in der Kathedrale von Turin aufbewahrt. In den letzten hundert Jahren ist die Truhe, in dem es liegt, nur fünfmal geöffnet worden.

Das letzte Mal geschah dies zum Zwecke wissenschaftlicher Untersuchungen. Resultate hierüber sind nicht veröffentlicht worden.«

Später glaubte Berna dann noch herausgefunden zu haben, daß im Vatikan eine Art Zensurabteilung alles herausziehe, was nicht konform sei. Berna schreibt dazu:

»Man ist inzwischen so weit gegangen, daß Post, die für die Presse und die Pressekorrespondenten im Vatikan bestimmt war, von Beamten des Vatikans geöffnet, zensiert und danach zugestellt oder zurückgeschickt wurde, ganz nach Gutdünken des Vatikans. Dies ist erst in der letzten Zeit der Fall, denn bisher haben die Empfänger ihre Post immer auf dem üblichen Weg erhalten.

Der Brief an die Weltagentur ›Associated Press‹ ist heimlich vom Vatikan geöffnet worden. Es war offensichtlich, daß der Inhalt überprüft und der Brief an die Associated Press wieder sorgfältig zugeklebt wurde. Nachdem dem Vatikan der Inhalt des Briefes bekannt war, wurde jeder Brief, der genauso aussah und dasselbe Gewicht hatte, aussortiert und mit einem Retourstempel versehen, obwohl die Eingangsnummern des Vatikans bereits aufgedruckt waren. Da die Briefe keinen Absender aufwiesen, konnte man den Inhalt nicht erfahren, ohne die Briefe heimlich zu öffnen: Die Zensierung der Post im Vatikan ist einwandfrei erwiesen.«

Man könnte abschließend dazu sagen, daß Kurt Berna zu einen Kampf gegen Windmühlen angetreten ist. Gegen die römische

Kirche mit ihrer jahrtausendealten Erfahrung, unangenehme Fakten zu ignorieren und sich zu allem sehr viel Zeit zu lassen, wird ein einzelner nicht ankommen. Das Kirchenvolk ist geduldig bis gleichgültig. Man sagt: Damit sollen sich die Pfarrer befassen, die verstehen mehr davon.

Im übrigen muß man auch zugeben, daß der Vatikan heutzutage sehr vorsichtig mit dem Anerkennen von Wundern oder neuer Reliquien ist. Er kann sich das leisten, denn von beiden ist aus vergangenen Jahrhunderten mehr als genug vorhanden.

Jesus ist auferstanden

Man kann nach allem, was wir heute wissen, sagen: Jesus ist wirklich auferstanden, und zwar als lebender, von seinen Verletzungen genesener Mensch. Dies läßt sich sogar, geht man von einem wissenschaftlich-neutralen Standpunkt aus und betrachtet Jesus als normal sterblichen Menschen, mit einiger Sicherheit aus den Evangelien rekonstruieren. Wann Joseph von Arimathia merkte, daß er einen Lebenden vom Kreuz genommen hatte, wissen wir nicht. Vielleicht waren seine Bemühungen von vornherein darauf gerichtet, Jesus das Leben zu retten.

Nehmen wir einmal an, Jesus kam im Grab zu sich, schlug die Augen auf, blickte seinen Retter an, sprach die ersten Worte.

Inzwischen war es Nacht geworden, und dies alles ging bei Fackelschein vor sich. Joseph konnte jedenfalls nicht einen Lebenden im Grab lassen. Mit Hilfe seiner Diener wird er den Schwerverletzten in sein Haus gebracht haben, unbeobachtet, da um diese Zeit alles schlief. In einem apokryphen Brief wird Joseph als Heilkundiger bezeichnet, doch selbst, wenn er keiner war – ein Mann wie er fand Mittel und Wege, seinen Gast gesundzupflegen. Niemand in der Stadt wußte davon. Für die anderen Menschen war Jesus tot und lag im Grab. Am Sonntagmorgen gingen zwei Frauen zum Grab, um den Toten der Tradition entsprechend zu salben. Es waren dies Maria Magdalena, die bekehrte Sünderin, und Maria, die Mutter des Jakobus, auch als

»die andere Maria« bezeichnet. Die Frauen fanden das Grab offen und einen »Jüngling im weißen Gewande« davor. Falls dies nicht – bei Lukas sind es zwei Jünglinge – ein fromm hinzugedichteter Engel ist, wird es wohl ein Diener des Joseph von Arimathia gewesen sein. Er sollte auf Weisung seines Herrn den nächsten Anverwandten Bescheid geben. Er sagte zu den Frauen (Matth. 28,7):

»Gehet eilend hin, sagt seinen Jüngern, daß er auferstanden sei von den Toten. Und siehe, er wird vor euch hingehen nach Galiläa, da werdet ihr ihn sehen.«

Lukas ist da noch ausführlicher. Da Jesus nicht innerhalb weniger Tage gesund werden konnte, müssen wir die Zeitangaben etwas großzügiger auslegen, wie ja überhaupt die Chronologie der Bibel ein sehr schwieriges Problem ist. Bei Lukas taucht Jesus schon am dritten Tage wieder auf. Die bei sehr vielen Kulturen heilige Dreizahl spielt hier eine Rolle, denn am dritten Tage sollte Jesus auferstehen. Lassen wir diese Zahlenmystik einmal beiseite und halten uns an die Berichte von Jesu mehrmaligem Auftreten nach seinem Tode. Wir müssen dabei bedenken, daß er in keinem der Evangelien als strahlendes Geistwesen, als Astralkörper auftritt, sondern ausdrücklich als lebendiger Mensch aus Fleisch und Blut. Er ließ seine Wunden berühren, aß und trank mit den anderen. Dies muß wohl aus einer alten, uns unbekannten Quelle stammen, in der die realen Ereignisse noch nicht mystifiziert waren. Zahlenmystik, Engelserscheinungen, Himmelfahrt usw. sind Zusätze der späteren »Schlußredakteure« der vier Evangelien. Man muß immer wieder daran erinnern, daß sämtliche Evangelien lange nach Christi Tod entstanden sind und uns vollständige Texte nicht vor dem 4. Jahrhundert überliefert sind. Das älteste, sehr bescheidene Fragment sind ein paar Zeilen aus dem 18. Kapitel des Johannesevangeliums und stammt aus der Zeit um 130 n. Chr.

Zurück zu den Ereignissen. Nach seiner Genesung stand Jesus vor einem schweren Problem. Würde er im Lande bleiben und sich wie früher zeigen, so hätte der erzürnte Pontius Pilatus – selbst wenn er bestochen war – allen Grund, Jesus und seine

Helfer, an der Spitze den mutigen Joseph von Arimathia, vor Gericht zu bringen. Doch während seiner Genesung hatte er genügend Zeit, Pläne für ein zweites, gänzlich neues und trotzdem erfülltes und sinnvolles Dasein zu schmieden. Doch davon später.

Halten wir uns an den wohl zuverlässigsten Zeugen, unseren Evangelisten Markus, so heißt es in 16,7:

»Gehet aber hin und sagt es seinen Jüngern und Petrus, daß er vor euch hingehen wird nach Galiläa; da werdet ihr ihn sehen, wie er euch gesagt hat.«

So sprach der »Engel« vor dem leeren Grab zu den beiden Frauen. Angenommen, Jesus sei tatsächlich ein Geistwesen, ein von den Toten auferstandener Astralleib gewesen, warum dann eigentlich Galiläa? Der dort liegende See Genezareth ist 140 Kilometer Luftlinie entfernt. Jesus hätte seinen Jüngern als überirdisches Wesen überall und zu jeder Zeit erscheinen können. Jesus, der kein Geist, sondern ein lebender Mensch war, hatte drei einleuchtende Gründe für das, was er nun tat.

1. Galiläa lag außerhalb des Machtbereiches von Pontius Pilatus.
2. Dort saßen seine treuesten und mutigsten Anhänger.
3. Das Land lag genau auf dem Weg, den zu gehen er sich vorgenommen hatte.

Wovon Markus nichts erzählt, das wird bei Lukas angesprochen. Seinen engsten und zuverlässigsten Freunden, den nun – Judas hatte sich erhängt – auf elf geschrumpften Aposteln, zeigte er sich schon vorher in Jerusalem. Und zwar tritt er ausdrücklich als lebender Mensch von Fleisch und Blut vor sie hin.

Lukas 24,39–43:

»Sehet meine Hände und meine Füße: Ich bin's selber. Fühlet mich an und sehet; denn ein Geist hat nicht Fleisch und Bein, wie ihr sehet, daß ich habe. Und da er das sagte, zeigte er ihnen Hände und Füße. Da sie aber noch nicht glaubten vor Freuden und sich verwunderten, sprach er zu ihnen: Habt ihr hier etwas zu essen? Und sie legten ihm vor ein Stück von gebratenem Fisch und Honigseim. Und er nahm's und aß vor ihnen.«

Zuletzt gilt es noch, die paulinische Sicht dieser Ereignisse zu schildern. Von den dreizehn Paulusbriefen (der evangelischen Bibel) gelten heute die sogenannten Pastoralbriefe – zwei an Timotheus, einer an Titus – als unecht, und einige andere sind umstritten. Als absolut echt hingegen gelten die beiden Korintherbriefe, und im ersten hat Paulus aufgezählt, wem Jesus sich nach seiner Kreuzigung gezeigt hat. Da die Entstehung dieses Briefes auf die Zeit 56/58 n. Chr. datiert wird, müssen wir in ihm zugleich den frühesten Bericht über die Ereignisse nach der Osterwoche sehen. Dies muß allerdings nicht heißen, daß es auch der am meisten authentische Bericht ist.

Paulus ist zwar kein Augenzeuge der Geschehnisse gewesen, doch immerhin verkehrte er später oft genug mit unmittelbaren Teilnehmern der tragischen Ereignisse in Jerusalem, wie etwa Petrus, Jakobus und zahlreichen anderen Jüngern. Dabei sollten wir aber bedenken, daß nunmehr ein Abstand von rund dreißig Jahren zwischen der Osterwoche des Jahres 30 und der Niederschrift des Korintherbriefes lag. So mancher, den Paulus befragte, wird gesagt haben, ja freilich, auch er habe den verehrten Meister gesehen, ohne noch genau zu wissen, wo oder wann dies war. Man rufe sich nur einmal die Zeugenaussagen zu Unfällen oder Verbrechen ins Gedächtnis. Oft wenige Tage nach dem Vorfall geben mehrere Augenzeugen völlig unterschiedliche Darstellungen zu Protokoll. Daß weder Paulus noch einer der Jünger bewußt gelogen hat, steht außer Zweifel.

Übereifrig und begeistert lebten sie ganz dem Dienst ihrer Mission, und am Ende ist Wahrheit immer das, wovon ein Mensch – wenn auch subjektiv – felsenfest überzeugt ist.

In seinem ersten Korintherbrief schildert Paulus die nachösterlichen Erscheinungen von Jesus.

». . . und daß er begraben ist und daß er auferstanden ist am dritten Tage nach der Schrift und daß er gesehen wurde von Kephas, dann von den Zwölften. Danach sahen ihn mehr als fünfhundert Brüder auf einmal, von denen die meisten noch leben, einige aber gestorben sind. Danach ist er gesehen worden von Jakobus und noch von allen Aposteln. Zuletzt aber erschien er auch mir, dem zur Unzeit geborenen.«

Diesem atemlosen begeisterten Bericht des Paulus ist anzumerken, wie gerne er selber, der »zur Unzeit geborene«, auch dabei gewesen wäre. Eines allerdings fällt auf: Wußte es Paulus nicht oder verschwieg er es absichtlich, daß Jesus sich – nach Markus – als erster der Sünderin Maria Magdalena gezeigt hatte? Man sagt Paulus ein etwas gestörtes Verhältnis zu Frauen nach. Vielleicht verschwieg er es nur unbewußt; denn Maria Magdalena wird in allen vier Evangelien als unmittelbare Augenzeugin aller Ereignisse der Osterwoche erwähnt. Auch wenn die Evangelien in ihrer heutigen Form einige Jahrzehnte nach des Paulus Tod entstanden, so müssen ihm doch andere davon erzählt haben. Immerhin berichtet Paulus ja auch von »fünfhundert Jüngern«, die Jesus gesehen haben, wovon wiederum die Evangelien nichts wissen. Da dies jedoch ein bemerkenswertes Ereignis ist und ein gewaltiger Unterschied darin besteht, ob Jesus nur von den Aposteln oder gleich von fünfhundert anderen Menschen gesehen wurde, müßte sich dafür eine Erklärung finden lassen. Bei aller Hingabe in Dingen des Glaubens und seiner Verbreitung ist Paulus doch ein ehrlicher Berichterstatter, wenn es um konkrete Ereignisse geht. Die noch zu erwähnenden Widersprüche in den drei Schilderungen seines Treffens mit Jesus in Damaskus sind durchaus verständlich, wenn man bedenkt, daß dieses Erlebnis wie ein Schock auf ihn wirkte. Ansonsten aber – man denke nur an den Zwist mit Petrus – finden wir in Paulus einen ehrlichen Chronisten.

Wie lassen sich aber diese fünfhundert Jünger erklären, die angeblich Jesus gesehen haben, während es in den Evangelien nur einige Frauen und die Apostel waren? Da ich nicht glauben will, Paulus habe diese doch sehr große Zahl nur so dahingesagt, gibt es nach meiner Meinung dafür eine recht plausible Erklärung.

Wir werden sehen, daß Jesus nach seiner Genesung von Jerusalem über den See Genezareth nach Damaskus wanderte. Da dies aber doch ein Weg von etwa dreihundert Kilometern ist, muß Jesus bei einer angenommenen Tagesleistung von etwa zehn Kilometern rund dreißigmal übernachtet haben, vorausgesetzt, er hielt sich nicht irgendwo länger auf. So konnte er es nicht vermeiden, mit Menschen in Berührung zu kommen, wobei es sich vermutlich durchwegs um treue Jünger und deren Freundeskreis gehandelt haben wird. Diese Menschen haben ihn gesehen und konnten dies später wahrheitsgetreu berichten. So wird Paulus auf seinen häufigen Reisen im Raum zwischen Jerusalem und Damaskus immer wieder Menschen getroffen haben, die ihm mitteilten: Auch wir haben den Meister gesehen! Und nur dies können die fünfhundert gewesen sein, von denen er im ersten Korintherbrief sprach. Aus dem Blickwinkel der Evangelienverfasser stellte sich die Sache anders dar als aus dem des vielgereisten Paulus.

Von den Synoptikern darf man annehmen, daß es sich bei ihrer gemeinsamen – verlorengegangenen – Quelle um Berichte oder erste Niederschriften von Augenzeugen handelte, die an den Ereignissen in Jerusalem und am See Genezareth teilgenommen hatten. Als Jesus Galiläa in Richtung Damaskus verließ, war er für sie aus der Welt. Paulus aber hatte rund dreißig Jahre später und nach drei weiten Missionsreisen doch eine ganz andere Sicht von diesen Ereignissen. Die sicher nur ungefähre Zahl der fünfhundert Brüder könnte also durchaus real und nicht metaphorisch verstanden werden.

Trotzdem stehen meinem Gefühl nach die Evangelien in ihrer einfachen und nüchternen Schilderung den Ereignissen näher, etwa wenn es bei Lukas heißt:

»Sehet meine Hände und meine Füße: Ich bin's selber. Fühlet mich an und sehet; denn ein Geist hat nicht Fleisch und Bein, wie ihr seht, daß ich es habe. Und da er das sagte, zeigte er ihnen Hände und Füße. Da sie aber noch nicht glaubten vor Freude und sich verwunderten, sprach er zu ihnen: ›Habt ihr hier etwas zu essen?‹

Da legten sie ihm vor ein Stück vom gebratenen Fisch und Honigseim. Und er nahm's und aß vor ihnen.«

Ich glaube, man muß diese einfache, fast trockene Schilderung durchaus wörtlich nehmen.

Für die späteren »Schlußredakteure« der Evangelien war gar keine andere Lösung denkbar, als aus diesem nur allzu lebendigen Menschen einen von den Toten auferstandenen zu machen. Nur Lukas hat sein unbegreifliches Verschwinden zudem mit der aus dem Hellenismus wohlbekannten Apotheose (Auffahrt zu den Göttern) ins Mythologische entrückt. Im übrigen steht die Himmelfahrt, soweit in den Evangelien von ihr – oder auch nicht – die Rede ist, auf schwachen Füßen:

Matthäus erwähnt nichts davon. Die betreffende Stelle bei Markus (16,19–20) gilt heute – auch unter katholischen Forschern – als Zusatz des zweiten Jahrhunderts n. Chr. Lukas als einziger erwähnt die Himmelfahrt in einem Nebensatz (24,51):

»Und es geschah, da er sie segnete, schied er von ihnen und fuhr auf gen Himmel.«

Auch das um 100/110 n. Chr. als letztes entstandene Johannesevangelium schweigt sich über eine Himmelfahrt aus, was um so seltsamer ist, da gerade dieses Evangelium Jesus von Anfang an als den Messias und Heilsbringer, als (Herbert Haag) ». . . die Erfüllung der menschlichen Sehnsucht überhaupt . . .« schildert.

Bleibt also allein Lukas, der Jesus gen Himmel fahren läßt.

Die Erklärung ist ziemlich einfach. Herbert Haag schreibt in seinem »Biblischen Wörterbuch« unter dem Stichwort »Lukasevangelium« u. a.: »So wird man sagen dürfen, daß das Lukasevangelium für hellenistische Heidenchristen geschrieben ist, und zwar in einem gewissen zeitlichen Abstand von den berichteten Ereignissen . . .«

Mit anderen Worten: Lukas (er soll aus dem syrischen Antiochien stammen und Arzt gewesen sein), vermutlich griechisch erzogen und gebildet, schrieb bewußt und gezielt für Menschen des griechisch-römischen Kulturraums. Gerade solchen aber war die Apotheose ein durchaus gewohnter Begriff, den sie auch bei Jesus, als Sohn Gottes, erwarteten und voraussetzten. Aus ihrer eigenen Mythologie kannten sie dies von: Attis, Herakles, Ky-

104

See Genezareth, im Vordergrund Tiberias.
Hier traf Jesus zum letzten Mal die Apostel.
Foto: Lopez

bele und Mithras, wie auch von normal Sterblichen wie Homer
und einigen römischen Kaisern. So stützt sich also die vom Christentum in zahllosen Darstellungen gefeierte Himmelfahrt allein
auf das »Zeugnis« des Lukas. In der ebenfalls dem Lukas zugeschriebenen Apostelgeschichte bedient man sich aus dem griechischen Heraklesmythos und läßt Jesus wie ihn auf einer
Wolke gen Himmel fahren.

Kehren wir also von dem ins Mythologische entrückten Jesus
zu dem durchaus Lebendigen zurück, der jetzt Abschied von seinen Jüngern nimmt.

Lukas erwähnt als einziger nichts von dem angekündigten Besuch Jesu am See Genezareth. Da gerade er geographisch ziemlich genau ist, müssen wir annehmen, daß ihm dieses Faktum
nicht bekannt war. Die anderen drei Evangelisten berichten jedenfalls davon, und so kann es wohl keine Erfindung sein.

Johannes liefert den ausführlichsten Bericht. Zuvor aber er-

105

zählt er noch vom Apostel Thomas, der beim ersten Besuch Jesu nicht zugegen war und, wie es scheint, an Geisterspuk nicht glauben wollte. Eigens deshalb kam Jesus eine Woche später noch einmal, und Thomas durfte ihn anfassen.

Aus Sicherheitsgründen besuchte Jesus in Jerusalem seine Jünger immer in geschlossenen Räumen und vermutlich nachts. In Galiläa aber konnte er sich ungefährdet auch im Freien zeigen. Die 150 Kilometer Entfernung von Jerusalem bedeuteten damals fünf bis sechs Tagesreisen und waren ein gehöriger Sicherheitsabstand.

So stand Jesus eines Morgens am See Genezareth, als einige seiner Jünger, darunter Petrus und Thomas, dort fischten. Jesus begrüßt die zurückkehrenden Fischer mit den Worten:

»Kinder, habt ihr nichts zu essen?«

Jesus war auf der von ihm geplanten Reise schon über 150 Kilometer gewandert, vermied wahrscheinlich öffentliche Herbergen und hatte daher Hunger. Er verhilft ihnen zu einem guten Fang, ißt mit ihnen und trägt Petrus eine Art Nachfolge auf: »Weide meine Lämmer.«

Damit endet das Johannesevangelium. Zu dem »Jünger, den er liebhatte«, also vermutlich zu Johannes, sagte er: »Folge mir nach.«

Dem ist zu entnehmen, daß sich Jesus seinen liebsten Jünger als letzte Reisebegleitung aussuchte. Wie weit Johannes mit ihm gegangen ist, wissen wir nicht. Nachdem Johannes später in Ephesus gelehrt und gelebt hat und dort der Überlieferung nach auch gestorben ist, kann es sein, daß er Jesus zumindest bis Damaskus begleitete.

Das Treffen bei Damaskus

In der Apostelgeschichte und in einigen der Paulusbriefe wird mit des Paulus eigenen Worten ein Ereignis geschildert, das sein

Alte Ansicht von Damaskus.
Ort der Begegnung zwischen Jesus und Paulus.
Foto: Bildarchiv Preußischer Kulturbesitz

bisheriges Leben völlig veränderte. Es war die Begegnung mit Jesus.

Da vor allem die betreffenden Briefe des Paulus mit ziemlicher Sicherheit echt sind, dürfen wir am subjektiven Erlebnis des Heidenapostels nicht zweifeln. Ich werde nun versuchen, anhand der vorliegenden Quellen diese Begegnung mit Jesus bei Damaskus als reales Ereignis zu schildern. Wir werden sehen, daß es überraschend gut in die genannte Indizienkette paßt, die eine zweite Indienreise von Jesus belegen soll.

Paulus stammte aus einer angesehenen jüdischen Familie der Stadt Tarsus in Kilikien. Er war von Beruf Zeltmacher und sprach aufgrund seiner Herkunft Aramäisch und Griechisch. Mit etwa fünfzehn Jahren kam Paulus – damals hieß er noch Saulus – nach Jerusalem. Dort wurde er ein fanatischer Anhänger der Pharisäer, mit anderen Worten ein Traditionalist. Im Gegensatz zu den eher liberalen Sadduzäern pochten die Pharisäer auf eine genaue Kenntnis der Thora und deren strengste Auslegung in bezug auf rituelle Reinheit, Sabbatregeln usw. Sie waren die eigentlichen religiösen Führer des Volkes, obwohl ausgerechnet die freisinnigen Sadduzäer traditionsgemäß hohe Priesterämter ausübten.

Entgegen der üblichen Einstellung junger Leute schlug sich also Paulus auf die Seite der Alten, der Konservativen. Er tat dies mit einem solchen Eifer – er tat alles eifrig und gründlich –, daß er bei den Pharisäern bald eine Art Vertrauensstellung als Spitzel genoß. Daß er so zum Feind der Christen wurde, die nach seiner Anschauung eine schlimme Irrlehre verbreiteten, ist verständlich. Als man den Christen Stephanus wegen seines Glaubens steinigte, heißt es in der Apostelgeschichte: »Saul aber hatte Wohlgefallen an seiner Ermordung.« So wurde aus Paulus eine Art Ketzerjäger. Dazu lesen wir im 9. Kapitel der Apostelgeschichte:

»Saul aber schnaubte noch Drohung und Mord gegen die Jünger des Herrn und ging hin zum Hohenpriester und erbat sich von ihm Briefe nach Damaskus an die Synagogen, daß welche immer er fände, die dieses Weges wären, Männer und Weiber, er sie gebunden nach Jerusalem führte.«

Warum gerade nach Damaskus? Hatten die Pharisäer doch von Jesu Überleben und seiner Flucht in Richtung Damaskus erfahren? Vielleicht war es nur ein Gerücht, das die Runde machte; jedenfalls wollte Paulus in der Gegend von Damaskus auf Christenjagd gehen. Betrachten wir uns nun die wunderbare Begegnung bei Damaskus, so ist sie, was die mystischen Begleiterscheinungen betrifft, voll von Widersprüchen. Im 9. Kapitel der Apostelgeschichte heißt es:

» . . . Und er fiel auf die Erde und hörte eine Stimme, die sprach zu ihm: Saul, Saul, was verfolgst du mich? [. . .] Die Männer aber, die seine Gefährten waren, standen und waren erstarrt; denn sie hörten die Stimme und sahen niemand.«

In Kapitel 22 derselben Apostelgeschichte erzählt Paulus dieses Ereignis ganz anders. Wieder kam die Stimme vom Himmel, sprach dieselben Worte, doch dann heißt es:

»Die aber mit mir waren, sahen das Licht und erschraken; die Stimme dessen, der mit mir redete, aber hörten sie nicht.«

In Kapitel 9 heißt es außerdem: »Die Männer aber, die ihn begleiteten, standen betäubt . . .«

In Kapitel 26 dagegen: »Und da wir alle auf die Erde gestürzt waren, hörte ich eine Stimme . . .«

In Kapitel 22 sagt Jesus – also die Stimme vom Himmel – zu Paulus: »Stehe auf und gehe nach Damaskus; da wird man dir sagen von allem, was dir zu tun verordnet ist.«

Mittlerweile war einige Zeit vergangen, und Paulus saß schon zwei Jahre in Caesarea gefangen, als er seine Lieblingsgeschichte dem König Agrippa erzählte. Diesmal klang sie wieder ganz anders, denn die Stimme vom Himmel sagte (Apg. 26):
»Aber steh auf und stell dich auf deine Füße; denn dazu bin ich dir erschienen, daß ich dich bestelle als Diener und Zeugen dessen, was du gesehen hast, und dessen, weshalb ich dir erscheinen werde, indem ich dich rette aus dem Volke und den Heiden, unter die ich dich jetzt sende . . .«

In diesem Fall also gibt Jesus selbst und an Ort und Stelle den Auftrag, während er zuvor Paulus kurz abfertigt und nach Damaskus schickt, wo ein Ananias (Apg. 5,1) ihm weitere Weisungen erteilen soll.
Aus diesen eklatanten Widersprüchen muß man schließen, daß die Begegnung von Jesus und Paulus in des letzteren Erinnerung immer wunderbarere Züge annahm. Daß er sich dabei selbst widersprach, hat er in seinem Missionierungseifer wohl übersehen.
Was aber mag in Wirklichkeit geschehen sein? Am einleuchtendsten scheint mir die folgende Hypothese:
Jesus, nach seinem letzten Treffen mit den Jüngern am See Genezareth, macht sich weiter auf den Weg nach Osten. Der ur-

alten Handelsstraße folgend, muß er zwangsläufig Damaskus passieren. Dort lebten viele Juden, dort findet Jesus Unterschlupf bei Freunden oder Verwandten seiner Jünger und Anhänger. Als er hört, daß Paulus von den Pharisäern zur Christenjagd ausgesandt ist, arrangiert er ein Treffen irgendwo am Stadtrand von Damaskus. Paulus muß von Jesu Ausstrahlungskraft – wie andere zuvor auch – so fasziniert gewesen sein, daß dessen Stimme »wie vom Himmel« klingt.

So wurde nach dieser Unterredung aus Saulus ein Paulus. Wer nun jetzt glaubt, das Treffen mit Jesus habe den ganzen Menschen verwandelt, der irrt. Paulus blieb im Grunde der, der er war: ein fanatischer Eiferer, etwas streitsüchtig, ein hervorragender Redner, der nicht ruhte, bis er den oder die anderen von seiner Wahrheit überzeugt hatte. Diese Wahrheit hatte sich jetzt geändert, aber nicht der Mensch. Aus dem fanatischen Pharisäer war ein fanatischer Christ geworden. Wie alle großen Führer – ob religiös oder politisch – hatte Jesus eine Eigenschaft, ohne die eine erfolgreiche Verbreitung einer Ideologie nicht möglich ist. Er war von todsicherem Instinkt in der Auswahl seiner Jünger. Daß er ausgerechnet Paulus zum Heidenapostel machte und dem eher engstirnigen und konservativen Petrus die Führung der Judenchristen überließ, war die ideale Lösung. So stellte Paulus seine gewaltige Kraft in den Dienst des Christentums und legte in ganz Europa den Samen zu einer Weltreligion. Keiner der anderen Apostel, soweit uns die Evangelien über sie informieren, wäre zu dieser Leistung fähig gewesen.

Die verlorenen Schafe

Das Wort Messias taucht im Evangelium nur bei Johannes auf. Die Synoptiker kennen es nicht, doch im Aramäischen bedeutet »mesiha« nichts anderes als das Wort »Christos« im Griechischen – also der Gesalbte.

Im Alten Testament taucht ebenfalls das Wort Messias nie auf. In Jesaja 7,14 wird zwar angekündigt:

»Darum so wird euch der Herr selbst ein Zeichen geben: Siehe, eine Jungfrau ist schwanger und wird einen Sohn gebären, den wird sie heißen Immanuel.«

Maria, die zur Zeit der Geburt von Jesus natürlich noch nicht wußte, was aus ihrem Sohn werden würde, nannte ihn mit dem damals ziemlich häufigen Namen Jesus. Matthäus erwähnt bei Jesu Geburt sogar diese Prophezeiung des Alten Testaments, doch Maria wußte ja, wie gesagt, nicht, daß sie den Messias gebären sollte.

Das jüdische Volk wartete aufgrund alter Prophezeiungen schon länger auf einen Messias, um so mehr, als das Land von den Römern besetzt und zur Provinz herabgewürdigt war. Nur stellte man sich in diesem erwarteten »Retter« eine eher politische Gestalt vor, die aus dem glänzenden Stamm Davids sozusagen wiederauferstehen und das Land befreien sollte. Wie immer in solchen Fällen erinnerte man sich der glorreichen Zeiten, als Israel und Juda unter dem großen König David zu einem beachtlichen Reich vereint waren. Genauso wollte man es wieder haben, und darum mußte der Retter aus »dem Stamm Davids« kommen.

Nicht Jesus allein ist als Messias aufgetreten; es gab vor und nach ihm Männer, die größeren Anhang hatten als er, ebenfalls für »Gesalbte« des Herrn gehalten wurden und sich auch selber als solche verstanden.

Am bekanntesten von ihnen wurde vielleicht Bar Kochba, der vor allem mit seiner politischen Wirksamkeit eher den messianischen Erwartungen entsprach. Hieß es nicht bei Moses klar und deutlich (4, 24, 17):

»Es wird ein Stern aus Jakob aufgehen und ein Szepter aus Israel aufkommen und wird zerschmettern die Fürsten der Moabiter und verstören alle Kinder des Getümmels.«

Man bezog diese prophetische Schriftstelle ohne weiteres auf Bar Kochba, dessen Namen auch folgerichtig »Sohn des Sternes« bedeutet. Und er hielt, was man erwartete. Zwei Jahre behauptete er sich gegen die Römer und hatte 50 Städte und 985 Dörfer besetzt. Im Jahre 135 wurde er von Kaiser Hadrian besiegt.

Der völlig unpolitische Jesus – zu Lebzeiten fast unbekannt – hat sich dagegen langsam durchgesetzt, unter anderem auch, weil ein Missionar wie Paulus seine Lehre verbreitete. Im Grunde ist es nicht der Stifter einer Religion selbst, der letztlich über ihren Erfolg und ihren Fortbestand entscheidet, sondern es sind seine Jünger, die die Lehre in alle Welt hinaustragen. Wäre das Christentum allein in der Hand von Petrus gelegen, dem Jesus zum Abschied gesagt hatte: »Weide meine Schafe«, so wäre es wohl eine jüdische Sekte geblieben. Am deutlichsten wird dies im Brief des Paulus an die Galater. Paulus wirft Petrus vor, die Heiden zu jüdischen Bräuchen zu zwingen, während der weltläufige, gebildete Paulus spürte und wußte, daß man eine Religion so nicht bei Menschen des griechisch-römischen Kulturkreises populär machen konnte.

»Da aber Petrus nach Antiochien kam, widerstand ich ihm unter Augen; denn es war Klage über ihn gekommen. Denn zuvor, ehe etliche von Jakobus kamen, aß er mit den Heiden; da sie aber kamen, entzog er sich und sonderte sich ab, darum, daß er die aus den Juden fürchtete. Und mit ihm heuchelten die anderen Juden, also daß auch Barnabas verführt war, mit ihnen zu heucheln.

Aber da ich sah, daß sie nicht richtig wandelten nach der Wahrheit des Evangeliums, sprach ich zu Petrus vor allen öffentlich: So du, der du ein Jude bist, heidnisch lebst und nicht jüdisch, warum zwingst du denn die Heiden, jüdisch zu leben?«

In diesem Fall ging es um die Beschneidung. Petrus nämlich vertrat die Überzeugung, wer Christ werden wolle, müsse sich auch beschneiden lassen, während Paulus dies ablehnte. Im selben Brief an die Galater bekennt Paulus stolz und von seiner Sendung überzeugt:

»Denn der mit Petrus kräftig gewesen ist zum Apostelamt unter den Juden, der ist mit mir auch kräftig gewesen unter den Heiden. Und da erkannten sie die Gnade, die mir gegeben war, Jakobus, Kephas und Johannes, die für Säulen angesehen waren; gaben mir und Barnabas die rechte Hand und wurden mit uns eins, daß wir unter die Heiden, sie aber unter die Juden gingen.«

Diese Aussage nun stellt uns vor die zentrale Frage, wie Jesus das sah. Er verstand sich als Messias und Sohn Gottes, glaubte fest an seine Berufung. Sah er seine Lehre als von Gott für alle Menschen verkündet oder hielt er sich bewußt nur an sein Volk, die Juden? Dazu gibt es eine ganz eindeutige Aussage in Matth. 15, 22–24:

»Und siehe, ein kanaanäisches Weib kam aus jenen Gegenden und schrie und sprach zu ihm: Erbarme dich meiner, Herr, Sohn Davids. Meine Tochter wird arg von einem bösen Geist gequält. Er aber antwortete ihr nicht ein Wort. Da traten seine Jünger herzu, baten ihn und sprachen: Entlasse sie, denn sie schreit hinter uns her. Er aber erwiderte und sagte: Ich habe keine Sendung als nur zu den verlorenen Schafen des Hauses Israel.«

Daran gibt es nun nichts zu deuten, doch mit den »Schafen des Hauses Israel« waren alle Juden gemeint. Jesus, der die Schriften des Alten Testaments gut kannte und nun von seiner ersten Indienreise die Bestätigung hatte, wußte um die assyrisch/babylonische Gefangenschaft und daß gerade die zehn Stämme des Hauses Israel noch immer in Afghanistan und Kaschmir lebten.

Diese Aussage wird von Jesus noch verstärkt und bekräftigt, indem er auch seinen Jüngern befahl (Mt. 10, 5–6):

»Gehet nicht auf der Heiden Straße und ziehet nicht in die Städte der Samariter, sondern gehet hin zu den verlorenen Schafen des Hauses Israel.«

113

Im Johannesevangelium (10, 16) macht Jesus eine noch genauere Aussage.

»Und ich habe noch andere Schafe, die sind nicht aus diesem Stalle; und dieselben muß ich herführen und sie werden meine Stimme hören und wird eine Herde und ein Hirte werden.«

Mit der Formulierung »die sind nicht aus diesem Stalle« weist Jesus ganz eindeutig auf die in alle Welt verstreuten Juden hin, insbesondere auf die des Landes Israel, die verlorenen zehn Stämme. Daß er diese Stämme einst herführen würde, war vielleicht seine Hoffnung, um Juda und Israel wieder zu einem großen Volk zu vereinigen. Am Ende aber war er es, der bei ihnen blieb. Seine Zukunftsvision hat er den Jüngern so dargestellt (Mt. 19, 27–28):

»Alsdann erwiderte Petrus und sprach zu ihm: Siehe, wir haben alles verlassen und sind dir nachgefolgt: was nun wird uns zuteil werden? Jesus aber sprach zu ihnen: Wahrlich, ich sage euch, ihr, die ihr mir nachgefolgt seid, werdet in der Wiedergeburt, da des Menschen Sohn wird sitzen auf dem Stuhl seiner Herrlichkeit, auch sitzen auf zwölf Stühlen und richten die zwölf Stämme Israels.«

Für Jesus, den Messias aller Juden, konnte es nur die traditionellen zwölf Stämme geben, die einstmals, in zwei Königreiche aufgeteilt, in Palästina lebten. Juda und Benjamin bildeten das Königreich Juda und saßen im Süden des Landes. Die anderen zehn Stämme, nämlich Ruben, Simeon, Sebulon, Isaschar, Dan, Gad, Asser, Naphtali, Manasse und Ephraim, lebten im Königreich Israel und besiedelten den ganzen Norden bis hinauf in das heutige Syrien. Wo aber war Israel, waren zehn jüdische Stämme seit über einem halben Jahrtausend geblieben?

Glanzzeit unter David

Da Jesus aus dem Stamm Davids sein sollte und man seinen messianischen Anspruch u.a. auch davon herleitete, wollen wir uns die Zeit einmal näher ansehen, deren Wiederkehr alle Juden so sehr herbeisehnten.

Die Landnahme der damals noch als Nomaden lebenden zwölf Stämme erfolgte nicht Schlag auf Schlag, wie es uns bei der Lektüre des Alten Testaments erscheinen mag, sondern in einem lang dauernden Prozeß über etwa zweihundert Jahre – nämlich vom 14. bis ins 12. vorchristliche Jahrhundert. Die zunehmende Schwäche der bisherigen Kolonialherren – Ägypter und Hethiter –, die Palästina und Syrien beherrschten, bewirkte eine günstige Periode für das Einsickern neuer Siedler. Auf die im Lande schon bestehenden kleinen kanaanitischen Stadtstaaten mußte natürlich Rücksicht genommen werden; denn sie anzugreifen war für ein Nomadenvolk zu riskant.

Bei diesen Kanaanitern handelte es sich um das weit über die Küsten Europas, Kleinasiens und Palästina verstreute Volk der Phönizier – in ihrer Zeit unübertroffene Seefahrer und tüchtige Kaufleute. Allmählich begann sich bei den jetzt für immer ansässigen Juden eine Art Staatsbewußtsein zu bilden. In Jerusalem entwickelte sich um die Bundeslade eine zentrale Kultstätte und band die Stämme noch fester aneinander.

Der entscheidende Schritt zur Staatenbildung aber geschah unter dem Druck der Philister, die um 1000 v. Chr. aus der südpalästinischen Küstenebene einzuströmen begannen und die Gesamtherrschaft über Palästina anstrebten. Diesem militärisch ausgebildeten und noch durch Söldner verstärkten Eroberervolk hatten die Juden zunächst wenig entgegenzusetzen. In schonungsloser Offenheit berichtet Samuel 1,4 über eine totale Niederlage. Das ist der Vorteil in den heiligen Schriften der Juden: Durch den Bund mit Gott werden Niederlagen als verdiente Strafen empfunden und genauso ehrlich geschildert, als seien es Erfolge. Dies gilt natürlich nur für den rein historischen Teil der Schriften. Samuel also erzählt:

»Israel aber zog aus, den Philistern entgegen, in den Streit und lagerte sich bei Eben-Ezer. Die Philister aber hatten sich gelagert zu Aphek und stellten sich gegen Israel. Und der Streit teilte sich weit, und Israel ward von den Philistern geschlagen . . .«

In dieser ersten Schlacht verloren die Juden an die viertausend Mann. Danach nahmen sie die Bundeslade mit ins Feld und traten zu einer zweiten Schlacht an.

»Da stritten die Philister, und Israel wurde geschlagen, und ein jeglicher floh in seine Hütte. Es war eine sehr große Schlacht, daß aus Israel fielen dreißigtausend Mann Fußvolk. Und die Lade Gottes ward genommen . . .«

Eine völlige Katastrophe also: Dreißigtausend Mann gefallen, und – vielleicht schlimmer noch – die Bundeslade war verloren! Aber wie oft in einer solchen Notlage findet ein Volk dadurch zu sich selber. Kleine Stammesstreitigkeiten wurden vergessen, denn jetzt ging es ums Überleben für alle Juden. Saul, einem Führer aus dem Stamme Benjamin, war es gelungen, den Ammonitern im Ostjordanland mit Hilfe aller zwölf Stämme eine vernichtende Niederlage zu bereiten. Daraufhin wurde er im Tempel von Gilgal zum König aller zwölf Stämme ausgerufen. Kaum herrschte Frieden, traten auch wieder innere Spannungen auf, und Saul gelang es nicht, ein wirklich schlagkräftiges Heer aufzustellen. Ein wirksamer Kampf gegen die Philister war ihm dadurch nicht möglich. Nach kleineren Anfangserfolgen wurde er in der Ebene von Jesreele entscheidend geschlagen und beging draufhin schwerverwundet Selbstmord, um nicht dem Gegner in die Hände zu fallen.

Nun kam die Glanzzeit der Juden mit ihrem größten König – neben Salomon – an der Spitze. Dieser König war sogar vorübergehend als Söldnerführer im Dienst der Philister. Nun, da Saul tot war, der ihm mißtraute und ihn aus dem Land getrieben hatte, trat David auf. Zuerst als König von Juda, während Israel von Sauls Sohn Esbaal beherrscht wurde, dann – nach dessen gewaltsamem Tod – als König aller Juden. Ihm gelang, woran Saul gescheitert war. In kurzer Zeit erfocht er entscheidende Siege über die Philister und holte auch die Bundeslade zurück. So erfüllt er die zwei sehnlichsten Wünsche seines Volkes und gewann in wenigen Jahren mehr Macht und Ansehen als – sein Sohn Salomon wieder ausgenommen – je wieder ein König der Juden nach ihm. Der Bundeslade errichtete er ein zentrales Heiligtum in Jerusalem, während der große Tempel – den Gott in der Bibel von ihm forderte – erst unter Salomon errichtet wurde.

Das ehemalige Kanaan wurde jetzt dem jüdischen Großreich, das vom Mittelmeer zum Euphrat reichte, einverleibt. Die angrenzenden Staaten Moab, Ammon, Edom und die Aramäer in Damaskus wurden nach und nach unterworfen. David brachte Glanz in die neue Hauptstadt der Juden. Als man die Bundeslade feierlich einholte, berichtet Samuel:

»... spielte David und das ganze Haus Israel vor dem Herrn her mit allerlei Saitenspiel von Tannenholz, mit Harfen und Psaltern und Pauken und Schellen und Zimbel... Und David tanzte mit aller Macht vor dem Herrn her und war begürtet mit einem leinernen Leibrock. Und David samt dem ganzen Israel führten die Lade des Herrn herauf mit Jauchzen und Posaunen.«

Er muß seinem Volk schon etwas geboten haben, dieser König David, der ein großer Eroberer war und zugleich erfüllt mit leidenschaftlicher, sinnlicher Religiosität. Gleichzeitig strömten aus den Ländern der eroberten Völker die Schätze in Massen herbei. Das belebte den Handel im ganzen Reich.

Aber es gab auch Schattenseiten, doch die waren mehr persönlicher Natur. David hatte zahllose Frauen und von ihnen ein gutes Dutzend Söhne. Da verliebte er sich in die schöne Bathseba, die aber das Weib des Uria war. Blind vor Leidenschaft setzte er den armen Uria in einer gefährlichen Militäraktion so ein, daß er fallen mußte. Die eilends geheiratete Bathseba aber gebar ihm den Sohn Salomon. Und weil sie seine Lieblingsfrau war, ernannte er diesen Sohn zu seinem Nachfolger.

Laut Bibel und wohl in ungefährer Übereinstimmung mit der Geschichte regierte David sein Volk vierzig Jahre, wovon etwa sieben auf Juda allein und dreiunddreißig auf die Gesamtherrschaft fielen.

Diese Zeit haben die Juden nie vergessen, denn sie gab ihnen das Bewußtsein, zu den reichen und mächtigen Völkern zu gehören, die von den besiegten Nachbarvölkern Tribut bezogen und politisch nichts mehr zu fürchten hatten.

Jetzt, zur Zeit Jesu, unter dem römischen Joch, da zehn Stämme im Exil verschollen waren, sehnte man sich wohl in erster Linie nach nationaler Erneuerung, nach dem geheimnisvollen Retterkönig aus dem Stamm David. Wenn über Jesu Kreuz in zynischer Huldigung »König der Juden« stand, so war dies den Skeptikern ein Zeichen, daß von diesem Mann die Rettung nicht zu erwarten sei. Obwohl Jesus immer wieder begreiflich zu machen suchte, daß sein Reich kein weltliches sei, verstanden bestenfalls nur ein paar Jünger, was er damit meinte.

Juden im Exil

Die beiden Hauptmotive für Jesu zweite Reise nach Indien waren zum einen die Flucht aus seinem bisherigen Leben, das sich während seines Wirkens als Messias zwischen Galiläa und Judäa abspielte, und zum anderen die Reise zu den »verlorenen Schafen«. Letzteres scheint mir das – auch in den Evangelien mehrfach angesprochene – Hauptmotiv zu sein. Der Zweck seines Daseins war erst erfüllt, wenn er allen Juden seine Botschaft gebracht hatte.

Im folgenden werde ich versuchen, allen Spuren nachzugehen, die uns von den exilierten Juden geblieben sind, um am Ende den Beweis zu erbringen, daß ein Teil dieses Volkes bis heute vorwiegend in Afghanistan und Kaschmir lebt. Ich verfolge dieses Thema besonders ausführlich, weil es als wichtiges und wesentliches Indiz eine Hauptrolle in diesem Buch spielt.

Auch der weise Salomon regierte wie sein Vater vierzig Jahre und konnte die beiden Staaten Juda und Israel noch unter seinem Szepter zusammenhalten. Schon unter seinem Nachfolger Rehabeam (etwa 926–901) fielen die beiden Reiche auseinander. Israel mochte diesen Herrscher nicht anerkennen und wählte sich in Jerobeam einen eigenen König. Damit brach das von David geschaffene Reich wieder auseinander, und bald begannen die beiden Staaten, sich wegen Grenzstreitigkeiten zu bekriegen.

Und so trat das alte Gesetz in Kraft, das Fürsten wie Volk immer wieder vergessen haben: Nur vereint seid ihr stark! Kaum waren nämlich die beiden Länder wieder getrennt, so rührten sich die unterworfenen Nachbarn. Es kam zu neuen Kämpfen mit den Philistern, Ammon ging verloren, und das Aramäerreich von Damaskus machte sich wieder selbständig.

Nach häufig wechselnden Hauptstädten entstand in Samaria unter König Omri (etwa 882–871) ein neues politisches und religiöses Zentrum. Mit Rücksicht auf den hohen Bevölkerungsanteil der Kanaaniter wurde in Samaria für sie ein Baaltempel errichtet, was den frommen Männern in Juda sofort ein Argument lieferte, Israel anzugreifen, um diesen »Greuel« auszutilgen.

Die wirkliche und eigentliche Gefahr aber kam in der Mitte des 9. Jahrhunderts v. Chr. durch die Assyrer. Der assyrische König Salmanassar III. (859–824) dehnte seine Eroberungszüge nach Palästina und Syrien aus. Doch diese Gefahr ging zunächst ohne schwerwiegende Folgen vorüber. Im Gegenteil: Salmanassar eroberte auch Damaskus, womit er Israel von einem Hauptfeind befreite. So war den beiden jüdischen Ländern noch einmal eine Scheinblüte beschert, die aber auch einherging mit dem übertriebenen Luxus der Wohlhabenden und einer fortschreitenden Entrechtung und Verarmung der unteren Schichten, was zu sozialen Spannungen führte. Es hat nicht an Propheten gefehlt, die diesen Niedergang empfanden und registrierten. Die Schriften des Propheten Amos etwa bestehen in einer einzigen donnernden Strafrede.

»Sie treten den Kopf der Armen in den Kot und hindern den Weg der Elenden. Es gehen Sohn und Vater zur Dirne, daß sie meinen heiligen Namen entweihen. Und bei allen Altären schlemmen sie auf den verpfändeten Kleidern und trinken Wein in ihrer Götter Haus . . .

Die ihr euch weit vom bösen Tag achtet und trachtet immer nach Frevelregiment und schlaft auf elfenbeinernen Lagern und pranget auf euren Ruhebetten; ihr esset die Lämmer aus der Herde und die gemästeten Kälber und spielet auf dem Psalter und erdichtet euch Lieder wie David . . .«

119

Aber wann hat ein Volk schon je auf die Droh- und Strafreden seiner Propheten gehört? Sagte nicht Jesus am Anfang seiner Predigerzeit in Israel: »Ein Prophet gilt nirgends weniger als im eigenen Vaterland?«

So kam es denn, wie es kommen mußte. Tiglat-Pilesar III., König von Assyrien (745–727), bezog den syrischen-palästinischen Raum in seine Großreichpläne mit ein. 738 v. Chr. wurde Israel ein tributpflichtiger Vasallenstaat. Doch nicht nur das: 722 v. Chr. eroberte Sargon die Hauptstadt Samaria und deportierte die Oberschicht des Landes. Es wurde eine fremde Oberschicht angesiedelt, womit der antike Staat Israel aufgehört hatte zu existieren. Diese Maßnahmen bedürfen einer Erklärung. Selbstverständlich konnte Sargon nicht alles, was zu den zehn Stämmen Israels zählte, außer Landes bringen. Doch die Juden unterschieden genau zwischen denen, die wirklich von Jakobs und Josephs Söhnen abstammten, also den Nachkommen von Ruben, Simeon, Sebulon, Isaschar, Dan, Gad, Asser, Naphtali, Manasse und Ephraim, und denen, die Knechts- oder Sklavendienste leisteten. Als die Assyrer die echten Herren des Landes, die Führer und Ältesten der großen Sippen, deportierten, hatten sie tatsächlich Israel ausgelöscht oder doch diesem Land für lange Zeit die Lebensgrundlage entzogen.

Der zweite Schlag traf Juda unter dem Babylonierkönig Nebukadnezar II. (605–562). Die politische Lage hatte sich aber schon vorher entscheidend geändert. Der ägyptische Pharao Necho verbündete sich 609 v. Chr. mit Assyrien gegen das überstark werdende Babylonien. Der junge jüdische König Josia, ein milder und gerechter Herrscher, war nolens volens Bundesgenosse der Babylonier geworden und trat als solcher gegen Ägypten und Syrien an. In der Schlacht bei Megiddo fiel er 609 v. Chr. gegen die Ägypter. Sein Land kam von da an unter ägyptische Herrschaft, bis 605 Babylon sich als der stärkere Teil erwies und unter vielem anderen auch Juda vereinnahmte. Ein Aufstand der Juden gegen die Fremdherrschaft mißlang, und König Nebukadnezar eroberte Jerusalem und verschleppte König Jojachin und die führende Schicht von Juda in sein Land.

Der babylonische König setzte daraufhin Zedekia auf den Thron von Juda, doch auch der hielt zu seinem Volk und wagte von neuem den Aufstand. Der Versuch mißriet gründlich und brachte König wie Volk großes Leid. Zedekia mußte mitansehen, wie man die eigenen Kinder vor seinen Augen abschlachtete. Später starb er in einem babylonischen Kerker. Im eroberten Jerusalem wurde nach Siegerart gemordet und gebrandschatzt und im Sommer 586 v. Chr. Salomons prachtvoller Tempel von Grund auf zerstört. Zedekia war übrigens der letzte König in der Geschichte der Juden. Ein großer Teil der gesunden und arbeitsfähigen Bevölkerung wurde verschleppt, ein Teil versuchte, diesem Schicksal durch die Flucht nach Ägypten zu entgehen. Vielleicht diente diese wohlbekannte Flucht als Vorbild für die Legende im Matthäusevangelium.

Mit diesem Niedergang des jüdischen Reiches verbindet sich die im Alten Testament geschilderte »Babylonische Gefangenschaft«, die letztlich dazu führte, daß ein großer Teil der Juden im Gebiet des Euphrat-Tigris-Beckens lebte.

»Und er führte weg gen Babel, wer vom Schwert übriggeblieben war, und sie wurden seine und seiner Söhne Knechte, bis das Königreich der Perser aufkam.«

Kehrten alle Juden zurück?

Im Alten Testament dauerte die Babylonische Gefangenschaft siebzig Jahre. Doch zuvor – um Irrtümer auszuschließen – noch ein Wort zu dem Begriff »Gefangenschaft«. Es läßt sich freilich nicht leugnen, daß Nebukadnezar einen großen Teil der Einwohner von Juda gewaltsam in sein eigenes Land verbrachte. Doch Gefangenschaft? Die römische Anschauung, die den Sklaven als absolut leibeigen ansah und quasi zum Nutzvieh zählte, gab es damals noch nicht. Die Herrscher jener Zeit dachten praktisch und nicht in Ideologien. Nebukadnezar brauchte Siedler für sein Land, Handwerker für seine Städte. Er wußte recht gut: Wo immer man die Juden, dieses uralte Kulturvolk, auch ansiedelte, gaben ihr Fleiß und ihr Können Handel und Wandel neue Impulse. Und er hatte sich nicht verrechnet. Viele der jüdischen Sippen brachten es auch im fremden Land zu Wohlstand und Ansehen, einige stiegen sogar in hohe Regierungsämter auf. Trotzdem beklagte der Prophet Jeremias in langen Klageliedern das jüdische Schicksal. Doch seine Klagen galten weniger oder kaum der »Gefangenschaft«, sondern dem, was man verloren hatte – vor allem der Verwüstung Jerusalems und der Zerstörung des Tempels. Jeremias war es aber dann auch, der dem babylonischen Reich den Untergang vorhersagte und den Perserkönig Kyros II. als den von Gott gesandten Retter bezeichnete. Im letzten Kapitel von Chronik II lesen wir dann, wie König Kyros II sagte:

»So spricht Kores, der König in Persien: Der Herr, der Gott des Himmels, hat mir alle Königreiche der Erde gegeben, und er hat mir befohlen, ihm ein Haus zu bauen zu Jerusalem in Juda. Wer nun unter euch seines Volkes ist, mit dem sei der Herr, sein Gott und er ziehe hinauf.«

König Kyros II. spricht da fast wie ein jüdischer Hohepriester, doch die historische Tatsache steht fest – die Juden durften im Jahre 536 v. Chr. zurück. Und noch mehr: Was in der Geschichte der Menschheit wohl noch nie vorgekommen ist, der König gab den Juden ihre sämtlichen, vor fünfzig Jahren geraubten Tempelschätze zurück. Nur der tiefe Respekt vor Propheten, die seinen Aufstieg verkündeten, ja sehnlich erwarteten, kann ihn zu dieser Geste veranlaßt haben. Denn alles kam, wie es vorhergesagt war. Kyros II. eroberte Medien, Lydien, Babylon und die griechischen Städte von Westkleinasien. Er begründete ein Großreich und erhielt selber den Namen »der Große«.

Nun aber zur entscheidenden Frage. Kyros gestatte den Juden zwar die Rückkehr, doch wollten wirklich alle von den schon unter Sargon (722 v. Chr.) und Nebukadnezar (597 und 586 v. Chr.) verschleppten Juden diese Heimkehr in ein Land, das sie nur noch aus den Erzählungen der Väter und Großväter kannten? War für die Bewohner Judas nach fünfzig bis sechzig Jahren (die Bibel spricht fälschlich von siebzig) die Erinnerung an die Heimat schon ziemlich verblaßt und wohl auch verklärt, wie aber war es für die unter den Assyrern, also vor 186 Jahren Verschleppten? Wir dürfen mit Sicherheit annehmen, daß die zehn Stämme Israels in dieser langen Zeit von mindestens fünf Generationen längst völlig integriert waren und sich weiter nach Osten verstreut hatten. Im Buch Esra heißt es dann auch ganz deutlich:

»Da machten sich auf die Obersten der Vaterhäuser aus Juda und Benjamin und die Priester und Leviten alle, deren Geist Gott erweckte, hinaufzuziehen und zu bauen das Haus des Herrn in Jerusalem.«

Die »aus Juda und Benjamin« – also nur die ehemaligen Bewohner des Landes Juda. Esra schildert dann in liebevoller Ausführlichkeit die Namen der heimkehrenden Geschlechter, die Schätze und die Tiere, die mit auf die Reise gingen. Es waren demnach 42360 Freie und 7337 Knechte. Die Historiker glauben heute, daß dies nur ein Teil der Verschleppten bzw. deren Kinder war und daß ein anderer Teil es vorzog, im Lande zu bleiben. Wie groß jeweils welcher Teil war, ist nur schwer abzuschätzen.

Die 722 v. Chr. unter Sargon I. nach Assyrien deportierten zehn Stämme müssen jedenfalls Religion und Lebensweise im Laufe der Jahrhunderte gewechselt haben, sonst hätte man sie später irgendwann und irgendwo entdeckt. Da es sich aber andererseits um viele Menschen handelte und sie nur umgesiedelt, aber nicht ausgerottet wurden, ist anzunehmen, daß sie sich vermehrt, Handwerk und Handel getrieben haben. Auf irgendeine Weise müssen sie also sowohl zu Zeiten von Jesus wie auch in unserer Zeit noch vorhanden sein, müssen wenigstens Spuren von Sprache, Sitte und Religion hinterlassen haben, müßten an irgendwelchen Rassemerkmalen wiederzuerkennen sein. Wir wissen heute, daß dies durchaus zutrifft.

Die verschollenen Stämme

Mit den von Nebukadnezar II. verschleppten und von Kyros zum Teil wieder repatriierten Bewohnern des Königreichs Juda werden wir uns hier nicht mehr befassen. Sie sind es, die nach jüdischer Tradition das Land wieder besiedelt, für den Fortbestand der traditionellen Sitten und der alten Religion gesorgt haben.

Uns interessiert in diesem Zusammenhang nur der Untergang des Staates Israel im Jahre 722 v. Chr. Der assyrische König Sargon I. siedelte die zehn Stämme in sein Reich um, und nirgends gibt es einen Hinweis, daß auch nur einer von ihnen zurückkehrte. Zur Zeit von Jesus waren seit diesem Ereignis rund 750 Jahre vergangen, ein dreiviertel Jahrtausend, eine sehr lange Zeit. Und trotzdem hat dieses Volk Spuren hinterlassen, Spuren, die so deutlich sind, daß nur ein Blinder – oder einer, der sich blind stellt – sie übersehen kann.

König Sargon I. von Assyrien war ein Usurpator. Zuerst Feldherr, ließ er sich während der Belagerung von Samaria zum König ausrufen. Wir wissen ungefähr, wohin er die deportierten Juden in seinem Reich brachte. Die eine Hälfte scheint er in und um Kalach – einer Nachbarstadt von Ninive – angesiedelt zu haben, die andere am Chabur, einem Nebenfluß des Euphrat. Aus diesen spärlichen Daten ist zumindest ein Prinzip zu erkennen: Er wird die Händler und Handwerker in seine aufblühenden Städte gebracht haben, während er die Bauern und Viehzüchter draußen auf dem Land ansiedelte.

Da es im fruchtbaren Euphrat-Tigris-Gebiet genug Land gab, waren die Herrscher immer darin interessiert, dieses Land zu kultivieren.

Wo Leben und Treiben, Handel und Wandel herrschte, stieg auch das Steueraufkommen, und mit dem Geld konnte man Soldaten anwerben für neue Eroberungen. Natürlich ließ sich Sargon auch von dem politischen Prinzip leiten, daß die hin und her verpflanzten Menschen fern ihrer Heimat keine Kriegsgefahr mehr darstellten. Aus diesem Grund schickte er dann auch Bewohner von Chaldäa und Susa in das menschenentleerte Israel.

Wir können annehmen, daß die Juden in den ersten Jahrzehnten ihres Exils an ihrer Religion, an ihren Sitten und Gebräuchen festhielten. Doch allmählich – und dafür gibt es auch Beispiele aus anderen Ländern – wird eine Aufweichung eingetreten sein. Während Sargon I., ihr neuer Landesherr, sein Leben mit Eroberungszügen verbrachte – er nahm auch Babylon ein –, gewöhnten sich die Juden an ihre neue Umgebung und begannen, sich einzuleben. Da sie nun auf mehrere Plätze im Land verteilt waren, fehlte der religiöse Zusammenhalt, vor allem in den Städten.

Ich stelle hier natürlich nur Vermutungen an, doch recht viel anders wird es wohl – Beispiele aus ähnlichen Situationen beweisen es – auch in diesem Fall nicht gewesen sein.

Das Leben in den assyrischen Städten war bunt und vielgestaltig. Zahlreiche Handwerker fertigten geschätzte Kleider und Teppiche in leuchtenden Farben. Weithin berühmt war das Land auch für seine damaszierten Waffen, die Möbel aus Elfenbein und mit Edelmetallen eingelegten Hölzern und noch für viele geschätzte Luxusgüter mehr. In dieser lebhaften, bunten, von Arbeit und Erwerb geprägten Welt galt nun der überlieferte »Bund mit Gott« gar nichts, und den rituellen Sabbatregeln und Speisevorschriften der Juden wird man mit Spott oder Gleichgültigkeit begegnet sein. Hier herrschte die barbarisch-sinnliche Religion fremder Götter, deren Namen und Abbildern man bei vielen Gelegenheiten begegnete. Da gab es Assur, den Haupt- und Staatsgott des Landes, dazu den Mondgott Sin, den fischleibigen Gott Hea, der aus dem Wasser kam, um die Menschen Kunst, Wissenschaft und Ackerbau zu lehren. Und außerdem noch Dutzende Haupt- und Nebengötter.

Da begannen die Schafe, im doppelten Sinn – wie es wohl von Jesus auch gemeint war – verlorenzugehen. Des Brot ich eß, des Lied ich sing. Im Umgang mit den assyrischen Mitbürgern wird es sich als zuträglich erwiesen haben, in die Rede »bei Assur!« einzuflechten und den eigenen unsichtbaren Jehova, statt auf die Lippen zu bringen, nur im Herzen zu behalten. Den Enkeln, Urenkeln und Ururenkeln wurde dieser Jehova allmählich fremd. Sie waren im Land geboren, nahmen sich einheimische Ehepartner, und so gewannen allmählich die Götter und die Sitten des Landes für sie an Bedeutung. Mit der Zeit werden die Juden auch ihre Namen der neuen Umgebung angepaßt haben. Da alle hebräischen Namen sprechende Namen sind, ließen sie sich leicht ins Assyrische übersetzen, wobei der gemeinsame semitische Ursprung beider Sprachen die Sache erleichterte. Beide Völker – Assyrer wie Juden – besaßen diese semitische Herkunft, was sich in einer gewissen Ähnlichkeit der Sozialstruktur und des Brauchtums zeigte. Beide Völker lebten in einer patriarchalischen Welt, und ihre Weisen und Schriftgelehrten trugen lange Bärte, die die Assyrer noch zierlich flochten.

So groß war also der Unterschied, im ganzen gesehen, nicht, und die Integration wird den Juden – in Stadt und Land wohl unterschiedlich – im Laufe einiger Generationen nicht schwergefallen sein. Als die zweite Welle der Verschleppten nach 136 Jahren eintraf, werden die Kinder des Landes Juda wohl vergeblich nach ihren Landsleuten Ausschau gehalten haben, soweit sie Judengemeinden nach der Väter Art vorzufinden hofften. Es liegt natürlich auf der Hand, daß nicht alle, auch von den Neuankömmlingen, Sitte und Religion des Gastlandes übernahmen. Kleine Gemeinden orthodoxer Juden sollen sich bis ins frühe Mittelalter gehalten haben. In den Stürmen des Islam gingen auch sie unter.

Juden in Afghanistan

Was aber geschah mit den Juden von Kalach und denen am Chabur? Seit König Nabopolassar im Jahre 612 v. Chr. Assyrien erobert hatte, gab es ein großbabylonisches Reich, das bis zur Ostküste des Mittelmeeres reichte. Ob König Nabopolassars Eroberungskrieg der Grund war, daß die Juden nach Osten weiterzogen, ist nicht sicher. Vielleicht war er einer der Gründe, denn dieser Zug nach Osten hat zweifelsohne stattgefunden. Der Inder J. D. Shams hat in seinem Buch »Where did Jesus die?« eine

Reihe von Zitaten gesammelt, die auf diesen Umstand hinweisen, und zwar zunächst einmal in bezug auf Afghanistan. So schreibt der englische Historiker Malcolm in seiner 1815 erschienenen »History of Persia«, daß viele Afghanen sich »Beni Israel« (Söhne Israels) nennen. Der Autor erwähnt auch eine alte Tradition, die besagt, daß viele Juden von Nebukadnezar II. in die Berge von Ghor verbannt wurden.

Sir Henry Yule wird folgendermaßen zitiert:

»Die afghanischen Chronisten nennen ihr Volk Beni Israel und behaupten, von König Saul abzustammen (den die Moslems Talut nennen) durch einen ihm zugeschriebenen Sohn namens Jeremiah, der wiederum einen Sohn Afghanna hatte. Der zahlreiche Stamm der Afghanna wurde durch Nebukadnezar umgesiedelt und wanderte durch die Berge von Ghor und Feroza in den Osten und Norden von Hirat.«

Eine ähnliche Theorie stellt James B. Frazer in einem Buch über die Geschichte Persiens und Afghanistans auf.

»In Übereinstimmung mit ihren eigenen Traditionen glauben sie an ihre jüdische Abstammung; und in einer Geschichte der Afghanen (von Neamat-ullah) aus dem 16. Jahrhundert – kürzlich aus dem Persischen übersetzt – leiten sie sich her von Afghan, Sohn des Jeremiah, der abstammte von Saul, König von Israel. Dessen Nachkommenschaft – während des Exils verschleppt – wurde durch die Eroberer in die Berge von Ghor, Kabul, Candhar und Ghazni umgesiedelt. Sie bewahrten ihre Religion, bis sie den Islam annahmen.«

Auch die *Civil and Military Gazette* vom 23. November 1898 äußerte sich zu diesem Thema.

»Sie, die Afghanen, sehen sich als Abkömmlinge israelitischer Stämme. [...] So mögen die Afghanen israelischer Herkunft sein, aufgesogen von den alten Rajput-Stämmen. Diese These erschien mir immer als die gangbarste Lösung des Problems.«

127

Eine sehr interessante Begebenheit ist von dem persischen Schah Nadir (1688–1747) überliefert. Dieser Usurpator und grausame Eroberer hat sich mit der Einnahme und der Zerstörung Delhis ein blutiges Denkmal gesetzt. Damals sollen 30000, nach anderen Quellen sogar 200000 Einwohner niedergemacht worden sein.

Als Schah Nadir in Peshawar einzog – einer Stadt nahe der afghanischen Nordostgrenze –, überreichten ihm einige Stammesführer eine hebräisch geschriebene Bibel, die sie für ihre überlieferten religiösen Kulthandlungen benützten.

Vielleicht am ausführlichsten geht der Autor H. W. Bellews in seinem Buch »The races of Afghanistan« (Kalkutta 1880) auf die vermutliche Herkunft eines Teils dieses Volkes ein.

»Die Überlieferung dieses Volkes nennt Syrien ihr Herkunftsland, als Nebukadnezar II. sie in die Knechtschaft führte und nach verschiedenen Teilen von Persien und Medien umsiedelte. Von diesen Ländern zogen sie in einer späteren Periode ostwärts in das Bergland von Ghor. Von den dortigen Einwohnern wurden sie ›Bani Afghan‹ und ›Bani Israel‹ genannt, das heißt ›Kinder Afghans‹ und ›Kinder Israels‹.

Zur Bekräftigung dieser These haben wir das Zeugnis des Propheten Esra mit dem Hinweis, daß die zehn Stämme Israels, die in die Knechtschaft geführt wurden, später entflohen und im Land Arzareth Exil fanden. Wir haben nun Grund zu der Annahme, daß dieses Land identisch ist mit dem Hazaragebiet von heute und zusammen mit Ghor einen Teil bildet. Ebenso wird in dem Buch ›Tabaqati Nasiri‹ erwähnt, daß während der Shansabi-Dynastie ein Volk namens Beni Israel existierte und daß einige von ihnen in reger Handelsbeziehung zu den Nachbarländern standen.«

Ich halte diese zitierten Hinweise – und es gäbe noch mehr davon – doch für geeignet, die These, in Afghanistan (und Kaschmir) lebten bis heute Nachkommen der »verlorenen Stämme«, zu untermauern. Wenn Jesus sich nach seiner »Auferstehung«

ein zweites Mal auf den Weg nach Osten gemacht hat, um die »verlorenen Schafe« aufzusuchen, dann müssen wir vor allem aber die Spur jener Juden zu finden versuchen, die nach Kaschmir gelangt sind. Das heutige Afghanistan grenzt im Westen an Pakistan und im äußersten Nordwesten an Kaschmir. Gerade in Kaschmir aber haben sich zahlreiche Spuren und Traditionen erhalten, die auf eine Besiedlung durch Juden hinweisen.

Doch zuvor wenden wir uns der leider sehr spärlichen Überlieferung zu, die Jesus auf seinem Weg nach Osten zeigt.

Jesus in Nisibis

In dem persischen Geschichtswerk »Rauzat-us-Safa« von Mir Khwand wird Jesu Reise von Damaskus nach Osten geschildert. Dabei soll er auch die Stadt Nisibis besucht haben. Heute ist die antike Stadt ein Ruinenfeld bei Nusaybin, einer türkischen Kleinstadt an der syrischen Grenze.

In der Antike war Nisibis die Hauptstadt der Landschaft Mygdonia in Mesopotamien. Der Ort war schon unter den Assyrern bekannt und von einiger Bedeutung. Der Feldherr Lucullus hat ihn für die Römer erstmals erobert; später geriet Nisibis zeitweilig unter persische Herrschaft, bis es unter Kaiser Severus Alexander (222–235) als Bollwerk gegen den Osten befestigt wurde. Wir finden die Stadt auch bei Flavius Josephus (Jüd. Altertümer XVIII, 9) erwähnt.

»Ein schreckliches Unglück betraf die Juden in Mesopotamien und vor allem jene, die sich in Babylon aufhielten. [. . .] Nun ergriff die ganze Judenschaft die Furcht vor den Babyloniern und auch den Seleukiden, da alle Syrer, die dort lebten, sich mit den Seleukiden einig waren, die Juden zu bekriegen. So fanden sich viele von ihnen zusammen und wichen nach Naarda und Nisibis aus. Dort glaubten sie sich wegen der starken Befestigungen in Sicherheit, auch weil viele der zahlreichen Bevölkerung aus waffenfähigen Männern bestanden.«

Jesus wird Nisibis aufgesucht und sich dort länger aufgehalten haben, weil er erfahren hatte, daß dort eine große Judengemeinde lebte. Diese waren ohne Zweifel Teile der »verlorenen Schafe«. In dem persischen Geschichtswerk »Rauzat-us-Safa« unternimmt Jesus die Reise mit seiner Mutter Maria. Eine Tatsache, die – ob glaubhaft oder nicht – doch erwähnt werden soll. In dem Buch wird als Grund für die Reise nach Nisibis ein Brief des »Königs von Nisibis« angegeben, der Jesus wegen schwerer Krankheit um Hilfe bat. Diesen »König von Nisibis« hat es meines Wissens nie gegeben, doch könnte mit ihm sehr wohl der König von Edessa gemeint sein, dessen Residenz nicht allzu weit entfernt lag und zu dessen Machtbereich Nisibis damals vermutlich gehörte. Edessa, das heutige Urfa in der Türkei, war schon in antiker Zeit ein blühender Ort. Im 8. Jahrhundert v. Chr. von den Assyrern erobert, hieß die Stadt damals Ruhu. Als sie nach dem Tod Alexanders des Großen an die Seleukiden kam, erhielt sie den Namen der makedonischen Stadt Edessa.

137 v. Chr. wurde hier das edessenische Reich begründet, deren Könige häufig den Namen Abgar führten. Hier haben wir es mit dem König Abgar V. Ukkama (der Schwarze) zu tun, der von 9 bis 46 n. Chr. regierte. Es gibt einen apokryphen Briefwechsel zwischen Jesus und König Abgar, den uns der Kirchenhistoriker Eusebius von Caesarea (etwa 260–340) überliefert hat. Eusebius betont ausdrücklich, den Briefwechsel direkt aus dem Archiv von Edessa zu haben, wo er in syrischer Sprache aufgezeichnet sei. Die seit der Regierung Abgars V. im Archiv aufbewahrten Dokumente seien ihm zugänglich gemacht worden, und so habe er sie Wort für Wort in seine Kirchengeschichte aufgenommen.

Ist dieser Briefwechsel zwar im Westen nicht anerkannt – deshalb seine Verbannung in die Apokryphen –, so gehört er doch bei einigen orthodoxen Kirchen zum kanonischen Schrifttum. Es soll dabei nicht unerwähnt bleiben, daß namhafte katholische wie protestantische Historiker noch im 19. Jahrhundert die Echtheit der Briefe verteidigt hatten.

Der Historiker Eusebius leitet den von ihm überlieferten Briefwechsel mit den Worten ein:

Alte Stadtmauern von Edessa.
Foto: Braunmiller

Landschaft zwischen Edessa und Nisibis.
Foto: Braunmiller

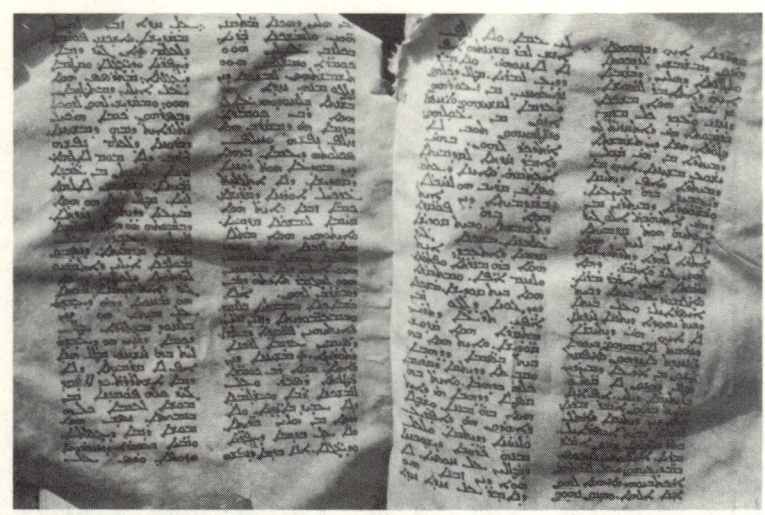

Bibelhandschrift in Syrisch aus dem 6. Jahrhundert n. Chr. Viele Apokryphen waren in Syrisch abgefaßt wie z. B. der Briefwechsel zwischen Jesus und König Abgar.
Foto: Braunmiller

»Man hat dafür ein schriftliches Zeugnis, das dem Archiv von Edessa, einer Stadt, die damals noch von einem König regiert wurde, entnommen worden ist. Denn in den dort befindlichen Akten, die unter anderen Begebenheiten aus alter Zeit auch die Erlebnisse des Abgar enthalten, wird auch dieses von seiner Zeit an bis zur Gegenwart aufbewahrt gefunden. Am besten ist es wohl, die Briefe selbst zu hören, die wir aus dem Archiv empfangen und auf die folgende Weise wörtlich aus der syrischen Sprache übersetzt haben. [. . .]«

Dazu wäre noch zu bemerken, daß Eusebius, der 313 Bischof von Caesarea wurde, als durchaus seriöser und hochgelehrter Historiker galt. Er hat zahlreiche Werke zur Bibel und zur Kirchengeschichte verfaßt, von denen noch ein Teil erhalten ist. Hier also der Brief von König Abgar an Jesus:

»Der Toparch Abgar Uchama entbietet Jesus, dem guten Heiland, der in der Ortschaft Jerusalem erschienen ist, seinen Gruß! Ich habe von Dir und Deinen Heilungen gehört, daß sie nämlich ohne Arzneimittel und Kräuter von Dir vollbracht werden.

132

Denn wie die Rede geht, machst Du Blinde sehend und Lahme gehend, reinigst Aussätzige und treibst unreine Geister und Dämonen aus, heilst die von langer Krankheit Gepeinigten und weckst Tote auf. Und als ich dies alles über Dich hörte, erwog ich, daß Du entweder Gott selber und vom Himmel herabgekommen bist, um es zu tun, oder Gottes Sohn bist, wenn Du es tust. Deshalb nun schreibe ich und bitte Dich, Dich zu mir zu bemühen und das Leiden, das ich habe, zu heilen. Habe ich doch auch gehört, daß die Juden gegen Dich murren und Dir Übles antun wollen. Ich habe eine Stadt, zwar recht klein, aber würdig, die für uns beide ausreicht.«

Von Jesus ist durch den Eilboten Ananias dem Toparchen Abgar erwidert worden:

»Selig bist Du, der an mich geglaubt hat, ohne mich gesehen zu haben. Denn es steht über mich geschrieben, daß die, die mich gesehen haben, nicht an mich glauben werden und daß gerade die, die mich nicht gesehen haben, glauben und leben sollen. Was aber das anbetrifft, was Du mir geschrieben hast, zu Dir zu kommen, so ist es nötig, alles, um deswillen ich gesandt bin, hier zu erfüllen und nach solcher Erfüllung hier aufgenommen zu werden zu dem, der mich gesandt hat. Und wenn ich hier aufgenommen worden bin, werde ich Dir einen meiner Jünger senden, damit er Dein Leiden heile und Leben übermittle, Dir und den Deinen.«

Ich möchte hier einschieben, daß dieses etwas kuriose Deutsch der beiden Briefe nicht aus meiner Feder stammt, sondern direkt aus dem Buch der Neutestamentlichen Apokryphen übernommen wurde.

Diesem Briefwechsel folgt ein Anhang, der berichtet, wie es, da Jesus der Einladung nicht gefolgt war, weiterging. Nach Jesu »Auferstehung«, das heißt nach seiner Abreise aus Galiläa, sandte Thomas den Apostel Thaddäus nach Edessa. Über diesen nur bei Markus und Matthäus erwähnten Apostel schweigen sich Evangelien und Apostelgeschichte sonst aus. Wir müssen uns also an die Apokryphen halten, immer voraussetzend, daß ein Kern von Wahrheit in etlichen dieser Quellen steckt.

Es könnte also so gewesen sein, daß Jesus auf seiner Reise nach Osten oder schon vorher König Abgars Hilferuf erhielt. Daß der König in ihm nicht den Gottessohn und Messias sah, sondern lediglich einen Magier, der Wunder vollbrachte, scheint offensichtlich. Ähnliche Fälle sind in großer Zahl aus der Geschichte belegt. Wenn einer der Fürsten dieser Erde an einer schlimmen, vielleicht sogar tödlichen Krankheit litt, wurden – falls die eigenen Ärzte versagten – Boten in alle Welt gesandt, um Hilfe heranzuholen. Jesus aber wollte die Welt offenbar in dem Glauben lassen, er sei bei der Hinrichtung gestorben, und betraute so den wohlinformierten Thomas mit der Sendung eines der Jünger. Was dann zwischen dem entsandten Thaddäus und König Abgar geschah, geht mehr ins Mystische und entfernt sich vom realen Geschehen. Abgar wird sofort zum Christentum bekehrt und auch von seiner Krankheit geheilt, was wohl als ein und dasselbe zu verstehen ist; denn aus frühchristlicher Sicht wurde Krankheit mit Nichtglauben gleichgesetzt.

Thaddäus, auch Lebbäus genannt – und mit dem Judas Thaddäus der Apostellisten von Lukas und Johannes identifiziert –, gilt als der Begründer des Christentums in Edessa. Über sein weiteres Leben ist wenig und nur Widersprüchliches bekannt.

Edessa wurde wegen dieses Briefwechsels zu einer vielbesuchten Pilgerstätte der frühen Christenheit.

Da gab es zum Beispiel Ende des 4. Jahrhunderts eine fromme wohlhabende Dame namens Etheria, die sich vorgenommen hatte, alles in und um Palästina zu besichtigen, was in irgendeiner Beziehung zur Bibel stand. Die Dame stammte vermutlich aus Gallien, und es fehlte ihr weder an Geld noch an Unternehmergeist. Sie besuchte also Palästina, die Sinaihalbinsel, dazu noch Mönchskloster in Ägypten, bis sie beschloß, wieder die Heimreise anzutreten. In Antiochia ließ es ihr dann doch keine Ruhe, sie wollte auch Edessa noch »mitnehmen«.

Sie betete dort am angeblichen Grab des heiligen Thomas und

ließ sich dann von einem Mönch den heiligsten Schatz der Stadt Edessa zeigen und vorlesen: die Briefe, die Jesus mit König Abgar gewechselt hatte. Doch damit nicht genug; man zeigte ihr das Stadttor, durch das der Bote mit dem Brief gekommen war, und natürlich auch den Palast des Königs Abgar. Davon ist heute nichts mehr vorhanden; Kirche, Palast und natürlich auch die Briefe gingen im Sturm des Islam zugrunde.

Jesus auf dem Weg nach Osten

Die Reiseroute von Jesus ging zuerst von Jerusalem nach Damaskus und weiter nach Nisibis etwa in nordöstlicher Richtung. Von da an setzte er seine Reise ziemlich genau nach Osten fort. Dabei muß Jesus zwangsläufig Afghanistan durchquert haben, und zwar – in Richtung Kaschmir – auch das Bergland von Ghor, wo, wie wir durch viele Zitate belegt haben, noch Juden aus dem assyrischen Exil lebten. Sicher berührte er auch das schon erwähnte Gebiet von Hazara an der heutigen Nordspitze von Pakistan, das direkt an der Grenze zu Kaschmir und an der alten Handelsstraße nach Srinagar liegt.

Wenn Schah Nadir, wie wir uns erinnern, noch auf seinen Feldzügen nach Indien im Jahre 1737 von den Einwohnern Peshawars mit einer Bibel begrüßt wurde, dann liegt der Gedanke nahe, daß rund 1700 Jahre zuvor der jüdische Glaube noch weitaus lebendiger war als damals. Wir wissen nun allerdings nicht, wie die von ihrem Ursprung abgeschnittene mosaische Religion sich in den Jahrhunderten entwickelt hatte und wie zahlreich ihre Anhänger noch waren. Bekanntlich gibt es bis heute in entlegenen Gebieten von Äthiopien noch eine geringe Anzahl von Stämmen mit jüdischer Religion, die aber durch Armut und Abgeschiedenheit so entartet ist, daß sie mit dem traditionellen Judentum kaum noch etwas zu tun hat.

Auf ähnliche Verhältnisse wird Jesus im Gebiet von Ghor und Hazara gestoßen sein. Dort hatte sich in geringem Ausmaß der Mazdaismus – also Zoroasters Lehre –, zunehmend jedoch der

Buddhismus festgesetzt. Man kann die frühe und reinere Form des damals herrschenden Buddhismus auch als eine Art Monotheismus auffassen, was den Traditionen und Ansichten der Juden noch am ehesten entsprach. Es scheint, daß zu Lebzeiten von Jesus der Buddhismus weite Teile von Nordindien und den angrenzenden Ländern beherrschte. Wie lange Jesus sich im Gebiet von Ghor und Hazara aufhielt, ist nicht bekannt. Wir können annehmen, daß Jesus sich auch auf seiner zweiten Indienreise Zeit ließ und da oder dort länger verweilte.

Die Entfernung zwischen Jerusalem und Srinagar beträgt knapp 4000 Kilometer Luftlinie. Bei der in der Antike üblichen Tagesleistung von 15 bis 20 Kilometern käme man im Monat auf 450 bis 600 Kilometer, vorausgesetzt, man wäre ohne Pause unterwegs. Da dies nicht der Fall sein kann, müßte man für diese Reise etwa zwanzig Monate bis zu drei Jahren ansetzen.

Während seiner letzten Reiseetappen, also in Afghanistan, Pakistan und dann in Kaschmir, scheint Jesus den Namen »Yus Asaf« angenommen zu haben, bzw. benannte die Bevölkerung ihn damit. »Yus Asaf« ließe sich etwa mit »Jesus, der Versammler« übersetzen. Dies wäre so zu verstehen, daß überall, wo er länger blieb, sich Menschen zu seinen Predigten versammelten. Etliche alte Schriften bestätigen diesen Namen übereinstimmend, und ich werde später im Zusammenhang mit Jesu Grab noch einmal darauf zurückkommen.

War Jesus in Taxila?

Es bleibt natürlich nicht aus, daß die für dieses Buch verwendeten Quellen und Überlieferungen verschiedenen Kulturkreisen und Epochen angehören und daher trotz des zweifelsfrei vorhandenen »roten Fadens« oft unterschiedliche Überlieferungen vertreten. Dies zeigt sich auch in bezug auf den Apostel Thomas. Wir müssen uns immer vor Augen halten, daß er es war, der Jesus nach seiner »Auferstehung« berührte, und daß er zu den wenigen gehörte, die von seinem Überleben wußten.

Wenn auch nur durch die apokryphe Überlieferung der »Thomasakten«, so finden wir doch in allen christlichen Kirchen die übereinstimmende Ansicht, daß Thomas in Indien missionierte und auch dort starb. Einige Quellen verlegen den Ort seines Todes und Grabes nach Edessa, doch dürfte dies eine spätere Abwandlung der Abgargeschichte sein. Die noch heute im Südwesten von Ostindien an der Malabarküste lebenden »Thomaschristen« führen ihren Glauben auf ihn zurück. Doch auch sie sind im Laufe der Jahrhunderte uneins geworden und mittlerweile in neun verschiedene Kirchen zerfallen. Was nun die zweite Indienreise von Jesus betrifft, so gibt es in bezug auf Thomas zwei Überlieferungen. Die eine aus persisch-arabischen Quellen spricht von Thomas – teils auch noch von Maria – als den Begleitern des Yus Asaf nach Kaschmir. Die andere, es sind die apokryphen Thomasakten, zeichnet eine sehr unterschiedliche Version. Die Thomasakten beginnen mit den Sätzen:

»Zu jener Zeit waren wir Apostel alle in Jerusalem. Simon, genannt Petrus, und Andreas, sein Bruder; Jakobus, des Zebedäus Sohn, und Johannes, sein Bruder; Philippus und Bartholomäus, Thomas und Matthäus, der Zöllner, Jakobus (des Alphäus Sohn) und Simon, der Kananäer, und Judas (des Jakobus Bruder).

Wir verteilten die Gegenden der Erde, daß jeder von uns in die Gegend, die durch Los auf ihn käme, und zu dem Volke, zu welchem der Herr ihn schickte, reisen solle. Nach dem Los kam nun Indien an Judas Thomas, der auch Zwilling heißt. Er wollte aber nicht hingehen und sagte, er könne wegen der Schwachheit des Fleisches nicht reisen, und: ›Wie kann ich, der ich ein Hebräer bin, reisen und den Indern die Wahrheit predigen?‹ Und als er dies erwog und sagte, erschien ihm der Heiland während der Nacht und sprach zu ihm:

›Fürchte dich nicht, Thomas, geh nach Indien und predige dort das Wort, denn meine Gnade ist mit dir.‹

Er aber gehorchte nicht und sprach:

›Wohin du mich senden willst, sende mich, doch anderswohin! Denn zu den Indern gehe ich nicht.‹

137

Und als er dies sagte und erwog, traf es sich, daß ein Kaufmann, der von Indien gekommen war, namens Abban dort anwesend war. Ihn hatte der König Gundafor gesandt und den Befehl erteilt, einen Zimmermann zu kaufen und ihm zuzuführen. Der Herr aber sah ihn um die Mittagszeit auf dem Markte gehen und sprach zu ihm: ›Du willst einen Zimmermann kaufen?‹ Der sagte: ›Ja.‹ Und der Herr sprach zu ihm: ›Ich habe einen Sklaven, der Zimmermann ist, und will ihn verkaufen.‹

Und als er dies gesagt hatte, zeigte er ihm von ferne Thomas, verabredete mit ihm ein Kaufgeld von drei Pfunden ungeprägten Silbers und schrieb einen Kaufbrief folgenden Inhalts:

›Ich, Jesus, Sohn des Zimmermanns Joseph, bestätige, einen Sklaven von mir namens Judas Thomas an Dich, Abban, einen Kaufmann Gundafors, des Königs der Inder, verkauft zu haben.‹«

Auf diese kuriose Weise wurde Thomas von Jesus zu seiner Missionsreise gezwungen und reiste zusammen mit dem Kaufmann Abban nach Vorderindien zu König Gundafor. Sowenig man auch über diesen indoparthischen König weiß, so sicher ist er doch eine durchaus historische Gestalt, dessen Regierungszeit der Historiker Professor Papson in seinem Buch »Ancient India« etwa 21 bis 50 n. Chr. ansetzt. V. A. Smith in seiner »Early History of India« nennt die Zeit 20 bis 60 n. Chr.

Thomas also fuhr mit seinem Herrn – er war ja als Sklave verkauft worden – in das Reich des Königs Gundafor. Sie kamen nach Andrapolis (andere Quellen nennen die Stadt Taxila), wo gerade ein großes Fest gefeiert wurde. Als sie fragten, was da gefeiert werde, erhielten sie zur Antwort:

»Der König hat nämlich eine einzige Tochter, und jetzt gibt er sie einem Mann zur Ehe.«

Da der König wünschte, daß jeder an diesem Fest teilnähme, gingen auch Thomas und Abban dorthin. Die sehr ausführliche Schilderung in den Thomasakten erwähnt dann das »Hochzeitslied« des Thomas auf die Braut. Nach der Schilderung einiger Wunder legte Thomas dem Brautpaar die Hände auf, sagte: »Der

Herr sei mit euch«, und ging hinaus. Dann aber schildern die Akten ein seltsames Ereignis.

»Der König verlangte aber von den Brautführern, das Brautgemach zu verlassen. Als aber alle hinausgegangen und die Türen geschlossen waren, hob der Bräutigam den Vorhang des Brautgemachs empor, um die Braut zu sich zu führen. Und er sah den Herrn Jesus im Aussehen des Apostels Thomas, der vor kurzem sie gesegnet hatte und dann von ihnen gegangen war, mit der Braut reden und sprach zu ihm: ›Bist du nicht vor allen hinausgegangen? Wie geschah es, daß du jetzt hier bist?‹ Der Herr aber sprach zu ihm: ›Ich bin nicht Judas mit dem Zunamen Thomas, ich bin sein Bruder.‹ Und der Herr setzte sich auf das Bett, ihnen aber befahl er, sich auf die Sessel zu setzen, und fing an, ihnen zu sagen: ›Gedenket, meine Kinder an das, was mein Bruder mit euch geredet . . .‹«

Hier folgt nun ein langer Sermon von ziemlich seltsamen Morallehren, den wir uns nicht anhören wollen. Bemerkenswert ist immerhin, daß in diesem Bericht Jesus als Bruder des Thomas bezeichnet wird, was wohl die Ursache in dessen Namen hat. Thomas nämlich trug laut Johannes den griechischen Beinamen »Didymos«, was Zwilling bedeutet. Daß Thomas noch einen Zwillingsbruder hatte, der uns unbekannt geblieben ist, mag sein, doch ein Bruder Jesu ist er deshalb nicht gewesen. In keinem der Bücher des Neuen Testaments wird Thomas ein »Herrenbruder« genannt. Die Evangelisten nennen alle Brüder Jesu mit Namen und hätten uns diesen gewiß auch nicht verschwiegen. In der Apostelgeschichte wird sogar ausdrücklich unterschieden: »Und als sie hineinkamen [nach Jerusalem], stiegen sie auf den Söller, wo sich aufhielten Petrus und Jakobus, Johannes und Andreas, Philippus und Thomas, Bartholomäus und Matthäus, Jakobus, des Alphäus Sohn, Simon Zelotes und Judas, des Jakobus Sohn. Diese alle waren stets beieinander einmütig mit Beten und Flehen samt den Weibern und Maria, der Mutter Jesu, und seinen Brüdern.«

139

Diese Szene zeichnet die Situation nach Jesu Verschwinden aus Palästina, und aus ihr wird deutlich, daß Maria wie Thomas zurückblieben.

Ich selbst glaube nicht an die in arabischen Quellen genannte gemeinsame Reise von Jesus mit Maria und Thomas. Könnte es nicht so gewesen sein, daß Jesus während seiner letzten Gespräche mit den Aposteln Thomas für die Indienmission auswählte? Ohne Zweifel hat Thomas seine Indienfahrt unternommen, doch gewiß später und nicht als Jesu Begleiter. So muß auch der Auftritt Jesu in Taxila (Andrapolis) mehr als mystisch-religiöses Attribut denn als reales Ereignis gesehen werden.

Nicht ausschließen möchte ich jedoch die Möglichkeit, daß Jesus diesen Jünger später irgendwo in Indien wiedergesehen hat. Dies hätte geschehen müssen, ehe sich Jesus endgültig in Kaschmir niederließ. Da Thomas aber in so enger Beziehung zu Jesus geschildert wird und von den Aposteln wohl auch die weiteste Missionsreise unternommen hat, möchte ich sein abenteuerliches Leben, soweit dies heute noch möglich ist, etwas weiter verfolgen.

Thomas in den Apokryphen

Der geographisch kaum nachzuvollziehende Text der Thomasakten ist ansonsten recht ausführlich. In der nächsten Szene nach der bereits geschilderten Hochzeit finden wir Thomas vor König Gundafor. Auf dessen Frage nach seinem Beruf nennt Thomas sich »Zimmermann und Baumeister«.

Der König stellte ihn als Baumeister in seinen Dienst und gab ihm den Auftrag zu einem Palast. Das vom König dazu erhaltene Gold und Silber aber verwendete Thomas für die Armen. Als Gundafor fragte, ob der Palast gebaut sei, antwortete Thomas:

»Ja, doch jetzt kannst du ihn nicht sehen, sondern du siehst ihn erst, wenn du aus diesem Leben geschieden bist.«

Also ein Gleichnis, mit dem der König jedoch wenig anzufangen wußte. So warf er den Kaufmann Abban samt seinem Sklaven Thomas ins Gefängnis. Nach längerem Nachdenken entschloß sich Gundafor, den beiden die Haut abziehen und sie dann verbrennen zu lassen. Inzwischen starb Gad, der Bruder des Königs, erlebte eine Art Himmelfahrt und erwachte wieder zum Leben. Er erzählte von einem Palast im Himmel, und Gundafor gingen jetzt die Augen auf. Thomas und Abban wurden entlassen, und Gundafor bekehrte sich zum Christentum.

Im Rahmen solcher wunderbaren Ereignisse setzt sich die Indienfahrt des Thomas fort, und zwar in Kapitel eingeteilt, die überschrieben sind mit »1. Tat, 2. Tat« usw. Thomas bekehrte Könige und Königinnen, taufte, tat Wunder, bis ihn in Gestalt des Königs Misdai sein Schicksal ereilte. Nachdem er dessen Frau Tertia und deren Verwandte Mygdonia zum Christentum bekehrt hatte, wurde Thomas der Zauberei beschuldigt. Als Thomas auch im Gefängnis Wunder wirkte und noch Vazan, den Sohn des Königs, bekehrte, ließ dieser ihn vor die Stadt führen und erstechen. Doch auch der halsstarrige König Misdai wurde später noch bekehrt. Als einer seiner Söhne von einem Dämon besessen war, wurde er durch Reliquien des Märtyrers Thomas geheilt, worauf auch Misdai endlich Christ wurde.

Die neutestamentlichen Apokryphen weisen dem Apostel Thomas noch einige angeblich von ihm verfaßte Schriften zu. Wenn in den Thomasakten ein namentlich nicht bekannter Erzähler die Taten des Indienapostels schildert, so tritt – eine ausgenommen – in den übrigen apokryphen Thomasschriften der Apostel selber ausdrücklich als Verfasser in Erscheinung. Zu Beginn der Kindheitserzählungen des Thomas heißt es:

»Ich, Thomas der Israelit, verkünde und mache euch allen, ihr Brüder aus den Heiden, all die Kindheits- und Großtaten unseres Herrn Jesus Christus bekannt, die er in unserem Lande, wo er geboren wurde, vollbrachte.«

Diese Erzählungen berichten von Taten und Wundern, die Jesus als Knabe zwischen fünf und zwölf Jahren vollbracht haben soll. Sie enden mit dem Bericht über den zwölfjährigen Jesus im Tempel, den wir auch bei Lukas finden.

Es ist schon seltsam: Weil diese Erzählung Lukas in sein Evangelium übernommen hat, ist sie kanonisch und wird von den Kirchen anerkannt. Da sie aber zugleich in den Apokryphen steht, muß sie doch als erfunden oder zumindest verdächtig erscheinen. Da beides zugleich nicht möglich ist, kann es sich der Gläubige also heraussuchen, ob er sie für echt oder erfunden hält.

Des weiteren finden wir in den Apokryphen ein »Thomasevangelium«. In der »Pistis Sophia« (die gläubige Weisheit) der Apokryphen gibt es eine Stelle, wo Jesus auch den Apostel Thomas beauftragt, »alle seine Reden schriftlich niederzulegen«. Was sich allerdings unter dem Namen eines Thomasevangeliums überliefert hat, ist kein Bericht mit erzählendem Charakter, sondern eine Sammlung von lose aneinandergereihten Aussprüchen Jesu.

Außerdem weisen die Apokryphen noch ein Buch von »Thomas dem Athleten« auf. Diese Schrift beginnt mit den Worten:

»Die geheimen Worte, die vom Erlöser zu Judas Thomas gesagt wurden und die ich aufgeschrieben habe – ich, Matthäus, der ich sie gehört habe, während sie beide miteinander redeten.«

Der Apokryphenforscher E. Hennecke schreibt dazu: »Das Werk ist bisher leider fast unzugänglich geblieben; das wenige, was man von ihm weiß, reicht nicht aus, um sich eine befriedigende Vorstellung von seiner Eigenart und seinem Inhalt zu bilden. Man kann nur sagen, daß es aus einem Gespräch zwischen Thomas und Jesus besteht . . .«

Von Anfang an wendet sich Jesus an seinen »Bruder Thomas«, der sein »Zwillingsbruder« und sein »Gefährte« genannt wird.

Als letztes apokryphes Werk, das dem Thomas zugeschrieben wird, finden wir noch eine Apokalypse. Dieser in der Regel mit

142

»geheime Offenbarung« übersetzte griechische Begriff bedeutet eigentlich »Enthüllung«. Der als kanonisch in das Neue Testament aufgenommene Johannesapokylapse steht eine ganze Anzahl apokrypher geheimer Offenbarungen gegenüber. Sie alle künden in mehr oder minder dunklen prophetischen Worten von zukünftigen Ereignissen, besonders von schrecklichen Strafgerichten und vom Ende aller Zeiten. Auch die Thomasapokalypse ist ein Bericht vom Untergang der Welt. Dieser spielt sich innerhalb von acht Tagen ab und ist von schrecklichen Ereignissen begleitet. Der Text beginnt mit den Worten:

»Höre, Thomas; denn ich bin der Sohn Gottes, des Vaters, und ich bin der Vater aller Geister! Höre von mir die Zeichen, die sich beim Untergang dieser Welt ereignen werden . . .«

In den neutestamentlichen Apokryphen ist Thomas mit fünf unter seinem Namen laufenden Beiträgen einer der am häufigsten genannten Apostel. Auch wenn es sich um apokryphe Werke handelt, so scheint es doch seltsam, daß der in den Evangelien nur ein rundes dutzendmal erwähnte Apostel dann im frühen Christentum – zu dem auch die Verfasser der Apokryphen zählen – für so wichtig gehalten wurde. Im Vergleich etwa mit Petrus, Johannes oder Paulus spielt er sowohl in den Evangelien wie auch in der Apostelgeschichte eine unbedeutende Rolle. Auch sein Wirken als Indienapostel war in der damals griechisch-römisch geprägten Welt nicht angetan, ihn populär zu machen. Vielleicht spielt hier doch etwas mit, für das es keinen schriftlichen Hinweis, keinen direkten Beleg gibt, nämlich das besondere Verhältnis dieses Apostels zu Jesus. Ob er Jesus nun nach Indien begleitet hat oder von ihm dorthin gerufen wurde, läßt sich nicht mit Sicherheit sagen. Doch weist vieles darauf hin, daß ihn und Jesus ein besonderes Vertrauensverhältnis verband, das vielleicht von dem Augenblick herrührt, als Thomas den überlebenden Jesus berühren durfte und so als einziger – nicht nur dem Augenschein nach – sagen konnte: »Ich habe mit eigener Hand einen lebendigen Menschen berührt.«

Thomas in Indien

Nach allem, was wir von den Missionsreisen der anderen Jünger wissen, war Thomas mit Indien der wohl schwierigste Teil anvertraut. Die toleranten Heiden des römisch-griechischen Kulturraums, denen religiöse Unduldsamkeit ein Fremdwort war, neigten wohl eher dazu, sich von einem guten Prediger zu einem »neuen Gott« bekehren zu lassen. Thomas dagegen – wie auch Jesus – traf in Indien auf die in einen schon ziemlich festen kanonischen Rahmen eingebundenen Religionen des Hinduismus und des Buddhismus. Hier Anhänger zu gewinnen muß nicht einfach gewesen sein und ist beim Hinduismus wohl zuerst und ziemlich ausschließlich bei den Sudras gelungen, wie auch in Rom die verachteten und unterdrückten Sklaven als erste die neue Religion annahmen, die ihnen, den im Leben Hoffnungslosen, wenigstens im Jenseits ein besseres Schicksal versprach. So gehörten auch die Sudras im alten Indien der niedrigsten Kaste an und hatten in ihrer Gesellschaft wenig zu verlieren, wenn sie sich einem neuen Glauben anschlossen. Wenn die Hindus der offenbar toleranteren Westküste Indiens zwanzig Jahre lang die Mission des Thomas duldeten, so waren die Bewohner der Ostküste in religiöser Hinsicht weniger aufgeschlossen.

Ähnlich wie in Kaschmir seit Jahrhunderten eine Tradition um Jesu Aufenthalt und Grab in Srinagar existiert, so haben sich auch die Thomaschristen eine Überlieferung bewahrt, die von Leben, Wirken und Tod ihres verehrten Apostels erzählt.

Indien – gemeint ist das heute geographisch als Vorderindien bezeichnete Gebiet – war zur Zeit von Jesus den Völkern des Mittelmeerraumes durchaus ein Begriff. So herrschten beispielsweise lebhafte Handelsbeziehungen zwischen Indien und dem Römischen Reich, ja sogar kleine griechische und römische Kolonien hat es an der indischen Westküste gegeben. Zahlreiche römische Münzen, darunter bereits republikanische, wurden in Malabar und andernorts gefunden. Nicht weit von Cranganur wurden 1947 achtzig goldene und silberne römische Münzen gefunden. Dieser Ort liegt an der Malabarküste etwas nördlich von

Cochin und war Griechen wie Römern als Muziris bekannt – eine Hafenstadt, wo die Schiffe aus dem Westen anlegten und lebhafter Handel blühte.

Ähnlich den Thomasakten, doch geographisch weit genauer, berichtet die Überlieferung der Thomaschristen, daß der Apostel – von Norden kommend – in Cranganur eine lebhafte Missionstätigkeit aufnahm. Weiterhin soll er Quilon, Niranam, Chayal, Palayur, Parur, Malayattur und andere Orte bereist haben. Dabei konnte er jedesmal einige Inder zum Christentum bekehren und taufen.

Nicht nur die Missionsreise des Thomas ist in Details überliefert, sondern es haben sich bis auf den heutigen Tag in einzelnen Hindufamilien diesbezügliche Traditionen erhalten. Zum Beispiel steht die christliche Kirche von Palayur auf den Resten einer alten Hinduopferstätte. Diese Stelle wurde in alter Zeit von fanatischen Hindupriestern verflucht und allen Brahmanen verboten, in und um Palayur weder zu essen noch zu trinken oder ein Bad zu nehmen. Dem Autor des Buches »Die Thomaschristen«, Placid J. Podipara, wurde an Ort und Stelle von Hindupriestern die noch immer lebendige Tradition bestätigt.

Als zweites Beispiel sei das Veeradierlied genannt. Dieses Lied christlichen Inhalts ist »im Besitz« einer Hindukaste, deren Namen es trägt. Bei gewissen Anlässen, wie hohe Feiertage, Hochzeiten usw., traten Mitglieder dieser Kaste auf und trugen gegen Entgelt dieses Lied bei den Christen vor. Dieser inzwischen etwas in Vergessenheit geratene Brauch ist schon deshalb bemerkenswert, weil Hindus bei christlichen Anlässen eine gewisse Funktion erfüllten.

Nach zwanzigjährigem Aufenthalt an der Malabarküste soll Thomas sich zu einer Reise an die Südostküste, die heutige Coromandelküste, aufgemacht haben. Hier scheint sich die Aktivität des Indienapostels auf die Gegend um Mylapore beim heutigen Madras konzentriert zu haben. In dem »Buch der Bienen«, das Solomon von Basora 1222 herausgab, heißt es:

»In Mahlup [Mylapore], einer Stadt im Lande der Inder, sei, wie andere sagen, der heilige Thomas begraben.« Auch der Weltreisende Marco Polo hat auf seiner Rückreise von China 1295 das Grab besucht und berichtet von einer Überlieferung, nach der Thomas versehentlich durch einen Pfeil getötet wurde, der einem Pfau gegolten habe. Demnach wäre Thomas kein Märtyrer gewesen. Im übrigen berichtet Marco Polo von einer großen Schar von Pilgern, darunter auch Sarazenen. Er erzählte von dort geschehenen Wundern und daß man den Kranken Erde vom Thomasgrab, mit Wasser vermischt, eingab. Wie Polo, so bezeugten noch zahlreiche Reisende des 14. und 15. Jahrhunderts die lebendige Verehrung des Apostelgrabes in Mylapore.

Doch das Grab ist leer, und man muß sich fragen, was mit dem Leichnam des Thomas geschehen ist. Portugiesische Kolonialisten öffneten 1523 das Grab in der Thomaskirche und fanden in einem Gefäß mit Erde neben einigen Knochen Bruchstücke des Schädels mit der Eisenspitze eines Speeres oder Pfeiles. In diesem Zusammenhang ist interessant, daß rund hundert Jahre vor Öffnung des Grabes der päpstliche Legat in China, Marignoli, von einer Überlieferung sprach, nach der die Leiche des Thomas zusammen mit blutgetränkter Erde bestattet wurde. Die von den Portugiesen gefundenen Reliquien sollen nach einigen Umwegen in der italienischen Stadt Ortona ihre letzte Ruhestätte gefunden haben.

Doch dies waren nur die Reste eines Körpers. Wo aber war das übrige geblieben? Schon im 4. Jahrhundert behauptete der heilige Ephraim, der Leib des Heiligen sei nach Edessa überführt worden. Die »Chronica Edessenum« schreibt, am 22. August 393 seien die Reliquien des Heiligen in der ihm geweihten Kirche in Edessa beigesetzt worden. Aus dieser Quelle stammt wohl auch die Behauptung, Thomas habe in Edessa missioniert. Dieses Beispiel zeigt, wie schwierig und verworren oft die Frage nach der Echtheit und dem Verbleib bestimmter Reliquien sein kann.

Wie dem auch sei, die Thomaslegende ist in bezug auf Leben, Wirken und Tod des Apostels in vielen Details alt überliefert und stützt sich auf zahlreiche konkrete Hinweise, die bis in Hindufamilien reichen, so daß man heute mit einiger Sicherheit sagen kann: Die Legende hat sich als Wahrheit erwiesen.

Sogar der ziemlich sagenhafte Aufenthalt des Thomas bei König Gundafor (nach den Thomasakten) hat wenigstens teilweise einen wahren Kern. Man fand nämlich im 19. Jahrhundert Münzen dieses bis dato als sagenhaft geltenden Königs. Inzwischen haben Geschichtsforscher – wie schon erwähnt – sogar die ungefähre Regierungszeit dieses Herrschers errechnet. Kann nicht auch ein Kern von Wahrheit in den Thomasakten stecken, wenn gleich zu Anfang die Apostel ihre Missionsziele auslosen und das Los des Thomas auf Indien fällt? Dieser reagiert durchaus menschlich, als man ihn in dieses fernste aller Länder senden will.

»Er wollte aber nicht hingehen und sagte, er könne wegen der Schwachheit des Fleisches nicht reisen.«

Nach dem heutigen Stand unseres Wissens müssen wir annehmen, daß er die Reise doch auf sich genommen hat.

Jesus in Kaschmir (I)

In einem vom Indischen Fremdenverkehrsverband herausgegebenen Prospekt über Kaschmir lesen wir:
»Wenn es ein Paradies auf der Erde geben soll – dann ist es das . . .
Blaue Lotusseen spiegeln glänzende Schneegipfel wider. Grüne, blumenbedeckte Wiesen werden von rauschenden Bächen durchzogen. Die Luft ist frisch und klar, nach Kiefern duftend, ist erfüllt mit Vogelgesang. Auf dem Dalsee und dem Naginsee in Srinagar gleiten Wohnboote leise durch das Wasser, mit hängenden Blumenkörben, gestreiften Markisen und bunt überdachten Sonnendecken. Elegante Shikaras [Boote] fahren hin und zurück mit Blumen und Obst, Silber und Seide, Teppichen und Edelsteinen . . .«
Das klingt wie eine Geschichte aus Tausendundeiner Nacht. So ungefähr mag sich mancher ein irdisches Paradies vorstellen.

147

Nun, es handelt sich um den Text eines Reiseprospekts, der werben und anlocken will. Manches daran mag sicher stimmen, doch ist es ein Paradies mit kleinen Fehlern. Lesen wir deshalb noch den Bericht des Magazins *Geo* (April 1982):

»Zankapfel seit 35 Jahren. Das einstige Fürstentum Jammu und Kaschmir – bis 1947 ein selbständiger Staat – ist heute ein dreigeteiltes Land. Sein nordwestlicher Teil wird von Pakistan kontrolliert, ein östlicher Zipfel ist von China besetzt, das größte und wirtschaftlich wichtigste Gebiet im Süden ist Indiens nördlichster Bundesstaat. Zur Teilung kam es nach dem Ende der englischen Oberhoheit über Britisch-Indien vor 35 Jahren. Die neue islamische Republik Pakistan beanspruchte Jammu und Kaschmir wegen seiner mehr als zu drei Vierteln muslimischer Bevölkerung, die junge indische Union berief sich auf ein zu ihren Gunsten ausgefallenes Votum des letzten Kaschmirfürsten, der sich freilich um die Meinung des Volkes nicht im geringsten scherte. Im Verlauf der wiederholten bewaffneten indisch-pakistanischen Auseinandersetzungen sicherte sich auch China Teile des Zankapfels. Die derzeitige Kontrollinie zwischen Indisch- und Pakistanisch-Kaschmir wurde von beiden Kontrahenten 1972 ausgehandelt.«

Welchem Land war es schon beschieden, im Laufe von zwei Jahrtausenden unversehrt zu bleiben? Was sich heute Kaschmir nennt, ist – wie auch viele der neuen Länder in Afrika – ein künstliches Produkt, dessen Grenzen keineswegs mit Sprache und Nationalität übereinstimmen.

Die alte Geschichte von Kaschmir liegt weitgehend im dunklen. Es gibt eine Legende von 52 vorchristlichen Königen, die aber nur sehr dürftig zu belegen ist.

In grauer Vorzeit wurde Kaschmir von eingewanderten arischen Völkerstämmen kultiviert. Etwa Mitte des 7. vorchristlichen Jahrhunderts drangen Brahmanen aus dem Westen in das Bergland ein und begründeten dort das hinduistische Kastenwesen. Ende des 3. Jahrhunderts v. Chr. eroberte Demetrios, Sohn des baktrischen Königs Euthydemos, das Land, doch diese griechische Episode blieb nur ein Zwischenspiel. Weit wichtiger war, daß Kaschmir um 240 v. Chr. sich dem mächtigen indischen König Aschoka unterworfen hatte. Dieser dritte König der Mauryadynastie folgte 268 v. Chr. seinem Vater Bindusara auf den Thron. Nachdem Aschoka das Kalingareich im östlichen Indien erobert hatte, beherrschte er die ganze indische Halbinsel, ausgenommen den äußersten Süden. Er bekehrte sich zum Buddhismus und wurde einer seiner eifrigsten Verkünder. So sandte er buddhistische Missionare an alle Herrscher der Diadochenstaaten, wie zu Ptolemäus II., Antiochos II., Magas von Kyrene, Alexander von Korinth und andere. Natürlich schickte er seine Missionare auch nach Kaschmir, das dann bis ins 4. nachchristliche Jahrhundert buddhistisch blieb. Im Zusammenhang mit den Kriegen des Königs Aschoka wird Srinagar als eine Stadt von 96 000 Wohnungen genannt.

Heute haben sich die religiösen Verhältnisse im eigentlichen Kaschmir total verändert. Buddhisten gibt es so gut wie keine mehr, während die Hindus etwa 25 Prozent und die Moslems 75 Prozent ausmachen. In dem jetzt zu Kaschmir gehörenden kleinen Gebirgsland Ladakh bekennt sich jedoch fast die gesamte Bevölkerung zum Buddhismus tibetanischer Prägung.

Nach König Aschokas Tod (etwa 233 v. Chr.) zerfiel das Mauryareich sehr schnell, und schon im ersten vorchristlichen Jahrhundert kam eine einheimische Dynastie auf. Nach den sehr schwierigen Datierungsfragen – jede Dynastie gebrauchte ihre eigene Zeitrechnung – konnte ermittelt werden, daß der einheimische König Gopananda das Land beherrschte, während Jesus dort lebte. Er regierte von 49 bis 109 n. Chr.

Der Perser Mullah Nadiri schrieb als erster islamischer Historiker Kaschmirs in seinem Werk »Tarik-i-Kaschmir«, daß Yus Asaf, also Jesus, in der Zeit von König Gopananda ins Land kam. Die entsprechende Stelle lautet:

»Unter der Regierung des Königs Gopananda wurden zahlreiche Tempel erbaut oder wiederhergestellt. Er trug Suleiman von Persien auf, die notwendigen Reparaturen am ›Thron des Salomon‹ auszuführen. Die Hindus nämlich erhoben Einspruch dagegen. Da dieser König kein Hindu war, sondern einer anderen Religion anhing, konnte er das heilige Grab nicht restaurieren. Zur selben Zeit traf Yus Asaf aus Palästina ein und begann, als Prophet im Tal von Kaschmir zu wirken. Er widmete Tag und Nacht seinem Werk und lebte sehr fromm und heiligmäßig. Er brachte das Wort Gottes dem Volk von Kaschmir. Viele folgten ihm und wurden seine Schüler. Der König bat ihn, die Hindus auf den rechten Weg zu bringen. Suleiman aber stellte Salomons Thron wieder her und errichtete vier Säulen mit der folgenden Inschrift:

Die Erbauer dieser Säulen sind Bhisti Zargar im Jahre 54 und Khwaja Runkun, der Sohn von Mirjan.

Yus Asaf trat als Prophet auf im Jahre 54. Er ist Yus von den Stämmen Israels.«

Nach Nazir Ahmads Berechnungen aller in Frage kommenden Datierungsmöglichkeiten muß es sich bei dem Jahr 54 um das Jahr 78 n. Chr. gehandelt haben. Jesus wäre zu dieser Zeit also schon ziemlich alt gewesen, doch vermutlich handelt es sich nicht, wie in der Inschrift erklärt, um sein Auftreten als Prophet, sondern um das Jahr, in dem der König erstmals von ihm hörte.

Ein anderer indischer Geschichtsschreiber, Khwaja Haidar Malik Chadura, bemerkte dazu, daß diese Inschrift noch während der Regierung des Kaisers Dschahangir zu lesen war. Dieser Großmogul von Indien hieß eigentlich Nureddin Mohammed Selim und nannte sich bei seiner Thronbesteigung im Jahre 1605 Dschahangir, das heißt: Eroberer der Welt. Er starb 1627 und war eine sehr schillernde Persönlichkeit; jähzornig und grausam, dabei sehr kunstsinnig und – für einen Moslem – von großer religiöser Toleranz. Ihm hat die Stadt Srinagar einen der berühmten Mogulgärten zu verdanken, den Schalimar Bagh.

Zu Dschahangirs Zeit, also Anfang des 17. Jahrhunderts, war die erwähnte Inschrift am »Thron Salomons« noch zu lesen. Was aber bedeutet »Thron Salomons«, und wie kommt der Name des jüdischen Königs nach Kaschmir? Wer ist der als Baumeister erwähnte Suleiman von Persien? Die letzte Frage ist schnell beantwortet. Suleiman (auch Sandiman) war ein Minister des Königs Gopananda und stammte aus Persien. Da Gopananda offenbar dem Buddhismus anhing, es sich aber bei dem genannten Gebäude um einen Hindutempel handelte, wurde Suleiman – der demnach Hindu war – beauftragt. Ob Wahrheit oder Legende: Dieser im Sanskrit Sandimati genannte Minister wird als Anhänger von Jesus bezeichnet und soll in Srinagar gekreuzigt worden sein.

Der indische Historiker Pandit Kalhana erwähnt dieses Ereignis in seinem Geschichtswerk »Radschatarangini«.

»San Issana [Jesus] lebte in Ishbar am Ufer des Dalsees in Kaschmir. Er war ein weitbekannter Heiliger, jedermann hörte seine Predigten, und er hatte viele Jünger. Sandimati, einer seiner Lieblingsschüler, verbrachte zehn Jahre im Gefängnis. Am Ende aber wurde er gekreuzigt. San Issana aber wohnte der Hinrichtung bei und sah drei Sätze vor Sandimati auf den Boden geschrieben.

1. Dieser Mann führt ein bescheidenes Leben.
2. Nach zehn Jahren Gefangenschaft wird er gekreuzigt.
3. Nach seiner Auferstehung wird er ein König.

Sandimati wurde innerhalb eines umzäunten Platzes gekreuzigt, und viele waren bei seiner Hinrichtung zugegen. Während der Nacht näherten sich einige seiner Schülerinnen und umstanden den Gekreuzigten. San Issana wurde sehr traurig; er ging zum Hinrichtungsplatz, und am dritten Tag kehrte Sandimati ins Leben zurück. Das Volk war sehr erstaunt, kam in Scharen herbei und bot ihm den Thron von Kaschmir an. Sandimati lehnte das Angebot ab, doch das Volk bedrängte ihn, und so wurde er schließlich König.«

Daß diese interessante Geschichte großenteils eine Legende sein muß, zeigt die Verquickung von Sandimatis Schicksal mit dem von Jesus. Die Kreuzigung, die Frauen bei der Hinrichtung, die

Auferstehung nach drei Tagen und schließlich seine Erhöhung zum König, wie ja auch Jesus »König von Israel« war – dies alles läßt mich an der Geschichte zweifeln.

Daß Sandimati ein Minister des Königs Gopananda war und Jesus gekannt hat, ist durchaus möglich. Auch daß man ihn aus irgendeinem Grund hinrichtete, sogar kreuzigte, wäre denkbar, obwohl diese Hinrichtungsart in Indien nicht üblich war. Der Historiker vermerkt dazu ausdrücklich, dies sei der einzige Fall einer Kreuzigung in der Geschichte von Kaschmir.

Zurück zum »Thron Salomons«. Dieser so genannte Tempel steht auf einem im Osten von Srinagar gelegenen Berg mit herrlichem Blick auf die Stadt. Das gedrungene, sehr altertümlich wirkende Bauwerk soll eine Kopie von Salomons Thron in Jerusalem sein. Woher aber kommen all diese Legenden, die immer einen Bezug zur jüdischen Geschichte haben? Palästina liegt schließlich nicht gleich um die Ecke, sondern ist knapp 4000 Kilometer Luftlinie von Kaschmir entfernt. Gehen wir der Sache einmal nach.

Juden in Kaschmir

Obwohl es offenbar weitgehend ignoriert wird und weder in offizielle Geschichtsbücher, noch in moderne Lexika Eingang gefunden hat: Die Tatsache, daß ein großer Teil der Einwohner von Kaschmir jüdischen Ursprungs ist, kann meines Erachtens heute nicht mehr angezweifelt werden.

In einer Zeit, als im Westen noch niemand eine Ahnung vom wirklichen Ursprung der meisten Kaschmiri hatte, lesen wir im »Großen Meyer« von 1907 unter dem Stichwort Kaschmir in bezug auf die Bevölkerung:

»Die Bewohner von K. sind meist groß und stark, mit regelmäßigen, bei den Mohammedanern jüdischen Gesichtszügen und olivenfarbiger Haut.«

Weder die am Himalaja lebenden Menschen mit mongolischem Gesichtsschnitt noch die Inder der verschiedenen Rassen

152

Semitisch geprägte Einwohner von Kaschmir und Ladakh.
Fotos: Indischer Fremdenverkehrsverband

153

haben eine Ähnlichkeit mit den deutlich semitisch geprägten Kaschmiris. Das mir vom Indischen Fremdenverkehrsverband zugesandte Material über Kaschmir zeigt unter anderem die Fotos eines Jungen von etwa sieben Jahren und eine junge Frau, die auf einem Feld arbeitet. Diese beiden Bilder von Bewohnern Kaschmirs könnten ohne weiteres in einem Bericht über israelische Kibuzzim erscheinen. Niemand würde den Betrug merken.

Ich habe schon davon berichtet, auf welche Weise die Juden des alten Landes Israel nach Afghanistan und in die pakistanische Landschaft Hazara kamen. Hazara gehörte früher zu Kaschmir. Es liegt nur rund hundert Kilometer von Srinagar entfernt, und es scheint ganz natürlich, daß die Juden sich in Richtung auf das paradiesisch fruchtbare Gebiet um Srinagar ausgebreitet haben.

Wie beim Kapitel Afghanistan zitiere ich wieder einige betreffende Stellen aus dem Buch »Where did Jesus die?« von J. D. Shams. In ihm verweist der Autor auf den vierzig Jahre am Hof des Mogulkaisers Aurangzeb (1618–1707) als dessen Leibarzt lebenden Venezianer Niccolo Manucci.

Unter dem Kaiser Aurangzeb erreichte das indische Mogulreich seine größte Ausdehnung. Der Kaiser war ein fanatischer Moslem und zog die Steuerschraube kräftig an. Doch er war auch hochgebildet, sammelte Bücher und holte Gelehrte aus allen Ländern an seinen Hof, darunter auch den Mediziner Manucci.

Der englische Historiker James Hough benutzte die Erinnerungen Manuccis für sein 1839 in London erschienenes Buch »The History of Christianity in India« und zitiert ihn: »Es gibt eine alte Überlieferung, daß jene Juden, die Salmanassar verschleppte, nach Kaschmir umgesiedelt wurden und daß die Bevölkerung dieses Landes ihre Abkömmlinge sind. Obwohl wir in Kaschmir keinerlei Spuren der jüdischen Religion finden, da die Menschen hier Heiden oder Moslems sind, sehen wir doch deutliche Spuren ihrer Abstammung aus Israel. Haar und Ge-

Überreste eines jüdischen Tempels bei Srinagar.
Foto: Stern

sicht der jetzigen Einwohner zeigen so typisch jüdische Merk-
male, daß dieses Volk sich von allen anderen unterscheidet. Moses ist hier ein durchaus üblicher Name, und einige noch heute
sichtbare antike Bauwerke weisen auf israelische Abstammung
hin.«

Was der Autor mit diesen »antiken Bauwerken« meint, ist nicht
ganz klar. Vielleicht handelt es sich dabei um Reste alter Synagogen, die auch der indische Professor Hassnain bei seinen kürzli-
chen Untersuchungen entdeckt hat.
    In seinem »Dictionary of Geography« schreibt A. Keith:

»Die Einwohner [von Kaschmir] sind von großer, robuster Gestalt, mit männlichen Gesichtszügen, die Frauen wohlgebaut
und hübsch, mit Adlernasen und Gesichtern, die den Juden gleichen.«

155

Ein weiterer früher Zeuge ist Francois Bernier mit seinen »Travels in the Mogul Empire 1656–1668«. Hier lesen wir:

»Beim Betreten des Königreichs [Kaschmir], nach Überquerung der Pire-Penjale-Berge, überraschten die Einwohner mich mit ihrer Judenähnlichkeit. Ihr Gesichtsausdruck und ihr Verhalten, auch diese unbeschreibliche Eigenart, welche es dem Reisenden möglich macht, sie von anderen Völkern zu unterscheiden – all das war eigentümlich für dieses Volk. Man kann dies nicht meiner bloßen Einbildungskraft zuschreiben, denn das jüdische Aussehen dieser Einwohner wurde sowohl von den jesuitischen Missionaren bemerkt wie auch von anderen Europäern, lange ehe ich selbst Kaschmir besuchte.«

Ein anderer Autor, Sir Francis Younghusband, der als britischer Resident von 1906 bis 1909 in Kaschmir lebte, spricht am deutlichsten aus, was mir mittlerweile als sicher erwiesen scheint:

»Andere interessante Kaschmirtypen bei den Moslems findet man unter den Ältesten der malerischen kleinen Dörfer am Fuß der Berge. Hier sieht man würdige alte Patriarchen von der Art, wie wir uns die biblischen Helden vorstellen. Manche sagen in der Tat – und ich stimme ihnen zu, ohne ein Fachmann zu sein –, daß wir in diesen Kaschmiris die verlorenen zehn Stämme Israels zu sehen haben.«

J. D. Shams zitiert noch weitere Beispiele von Reisenden und Forschern, doch ich will es bei den genannten Zitaten belassen, da im Grunde jeder Autor mit anderen Worten das gleiche sagt. Diese zum Teil aus der Mogulzeit stammenden Berichte schildern einen Eindruck, der sich bis heute unverändert erhalten hat.

Ich möchte nur noch den Artikel des englischen Schriftstellers John Noel erwähnen, der im Oktober 1930 im »Asia Magazine« erschien und das Thema meines Buches in einige Zeilen faßt:

»Unermeßlich herb sind diese malerischen und breitschultrigen Kaschmiribauern, gelehrig und von sanftem Temperament. Ihre Arbeit verrichten sie mit großer Kraft. Sie scheinen vollkommenere Juden zu sein als die uns bekannten reinen Angehörigen ihrer Rasse. Nicht, weil sie fließende mantelähnliche Gewänder nach biblischem Vorbild tragen, sondern weil ihre Gesichtszüge so jüdisch sind. Eine Eigentümlichkeit ist – oder ist es etwa nicht eigentümlich? –, daß die strengen Traditionen der Kaschmiri in direkter Übereinstimmung mit denen der Juden stehen. Vor einigen Jahren ging ein aufregendes Gerücht durch das Land. Es wurde berichtet, Jesus sei nicht am Kreuz gestorben, sondern lebend abgenommen worden und dann ausgezogen, die letzten Stämme Israels zu suchen. Er sei durch Ladakh, Klein-Tibet und Kaschmir gekommen, wo er starb und in Srinagar begraben worden sei. Ich habe mir alte Kaschmirisagen erzählen lassen. Diese enthalten Berichte von einem Propheten, welcher hier lebte und lehrte nach der Art des Jesus, nämlich in Gleichnissen und Erzählungen. Diese Überlieferung hat sich hier gehalten bis auf den heutigen Tag. In den neueren Jahren sind die Forscher den Spuren der Jesuserzählungen nachgegangen. Eine Version berichtet nämlich, daß Jesus gekommen sei, um mit den buddhistischen Mönchen über die Lehre der Inkarnation zu diskutieren.«

In dem bereits erwähnten Artikel »Jesus starb in Indien« der Zeitschrift *Stern* von 1973 heißt es zusammenfassend:

»Vieles weist heute noch darauf hin, daß die Kaschmiris zum Teil jüdischer Abstammung sind: Orte, die Namen biblischer Städte tragen, Frauen in typisch jüdischer Kleidung, hebräische Inschriften auf Grabsteinen, das Wort Joo oder Ju (Jude) hinter vielen Familiennamen, Überreste jüdischer Tempel.«

Wenn man bedenkt, was an Familien- und Kastennamen, an Landschafts- und Ortsnamen eindeutig jüdischer Herkunft noch heute in Kaschmir existiert, dann darf man annehmen, daß Jesus nicht das Gefühl hatte, in der Fremde zu sein. Er muß sich vorgekommen sein wie ein Reisender, der von einer Heimat in die andere gewandert ist.

Ob Jesus damals noch die jüdische Religion unter seinen Landsleuten fand, kann man nicht mit Sicherheit sagen. Darüber kann erst entschieden werden, wenn die von Professor Hassnain entdeckten Reste der Synagogen und Grabmäler gründlich auf ihr Alter untersucht worden sind.

In seinem Buch »Jesus in heaven on earth« hat der Religionsforscher Nazir Ahmad eine gründliche wissenschaftliche Untersuchung über Wortgleichheiten in der Sprache Kaschmirs und dem Althebräischen bzw. Aramäischen angestellt.

Die Sprachvergleiche des Nazir Ahmad

Wenn Menschen aus ihrem Heimatland, in dem sie seit vielen Generationen ansässig waren, auswandern oder vertrieben werden, so neigen sie dazu, das fremde Land, in das sie verpflanzt wurden, der alten Heimat in vieler Weise ähnlich zu machen. Wir sehen dies am deutlichsten bei den während des 18. und 19. Jahrhunderts in die USA eingewanderten Europäern. Wer zum Beispiel aus dem Schwarzwald kam, suchte sich in einer bergigen, bewaldeten Gegend anzusiedeln, baute wie zu Hause die Häuser im Schwarzwaldstil und benannte die Dörfer nach Ortschaften aus der Heimat. Zugewanderte Engländer, Holländer, Franzosen und Italiener hielten es nicht anders. So gibt es in den Vereinigten Staaten nahezu jede europäische Stadt ein zweites Mal. Berlin, München, Stuttgart, Birmingham, Athen, Orange, Orleans, Florenz, Petersburg – man könnte noch Hunderte von Städten aus allen Gegenden Europas anführen, die es ein zweites Mal, manchmal sogar ein drittes und viertes Mal in der Neuen Welt gibt. Die meisten der Einwanderer haben ihre Namen beibehalten oder nur phonetisch dem Englischen angepaßt, so daß ihr Ursprung leicht zu erkennen ist.

Die nach Afghanistan und Kaschmir eingewanderten Juden hielten es nicht anders. Ich möchte zuerst ein paar besonders ins

Auge fallende Beispiele nennen. Die Hauptstadt von Afghanistan heißt Kabul. Als König Salomon dem König Hiram von Tyros für Materiallieferungen zwanzig Städte in Galiläa übereignet hatte, lesen wir in 1. Kön. 9,13:

»Was sind das für Städte, die du mir gegeben hast? Und er hieß das Land Kabul bis auf diesen Tag.«

Die Landschaft Hazara, damals in Kaschmir, heute in Pakistan gelegen, finden wir bei Moses ebenso erwähnt wie viele andere gleich oder ähnlich lautende Orte.

Ich gebe hier im folgenden einen Auszug aus dem Buch von Nazir Ahmad, in dem er Orte und Städte in Kaschmir mit in der Bibel erwähnten Orten, aber auch mit Familien- und Stammesnamen vergleicht. Für die richtige Schreibweise – das Buch ist in Englisch abgefaßt – der Orte in Kaschmir kann ich nicht garantieren. Ich gebe sie wieder, wie ich sie aus Nazir Ahmads Buch übernommen habe.

Name des Ortes in Kaschmir und angrenzenden Gebieten	Biblischer Name	Biblische Herkunft
Ach-bal	Asbel	1. Moses 46,21
Aguru	Agur	Sprüche Sal. 30,1
Ajas	Aja	1. Moses 36,24
Amanuh } Amonu	Amon	1. Könige 22,26
Amariah	Amarja	1. Chronik 23,19
Ara-ham } Ara-guttru } Ara-mullat	Ara	1. Chronik 7,38
Aror } Aru	Aroer	Josua 12,2
Assu	Ashur	1. Chronik 2,24
Babel	Babel	1. Moses 11,9
Bahan	Bohan	Josua 15,6
Balpura	Baal-Peor	4. Moses 25,3
Bani-Ruth (aus dem Stamme Ruth)	Ruth	Ruth 1,4
Barzilla	Barsillai	2. Samuel 17,27
Behatpoor	Beth-Peor	5. Moses 34,6

Fortsetzung nächste Seite

Name des Ortes in Kaschmir und angrenzenden Gebieten	Biblischer Name	Biblische Herkunft
Beyar	Beor	1. Moses 36,32
Bona	Baana	Nehemia 3,4
Dan-sok	Dan	1. Chronik 2,2
Doru	Dor	1. Könige 4,11
Gada-bara	Gad	1. Chronik 2,2
Gochan	Gosen	Josua 11,16
Hara-mok	Hara	1. Chronik 5,26
Heshba	Hesbon	5. Moses 4,46
Hosiah	Hosea	Hosea 1,1
Kalkol	Chalkol	1. Chronik 2,6
Keran	Cheran	1. Chronik 1,41
Kirouth	Kirjat	Josua 18,28
Kashy	Chus	1. Moses 10,6
Lasharoun	Lasaron	Josua 12,18
Lavi-pura	Levi	1. Chronik 2,1
Lyddan	Lydda	Apg. 9,32
Mamre	Mamre	1. Moses 14,13
Mahora	Mehir	1. Chronik 1,46
Mattan	Matthan	2. Könige 11,18
Median-pura	Midian	1. Chronik 1,46
Nekanur-pura	Nikanor	Apg. 6,5
Paru	Paruah	1. Könige 4,17
Pattan	Padon	Nehemia 7,47
Phallu	Pallu	1. Moses 46,9
Pishga	Pisga	5. Moses 3,27
Rei	Rei	1. Könige 1,8
Rissi-pura	Rissa	4. Moses 33,21
Shopeon	Sophan	4. Moses 32,35
Sopur	Sepher	4. Moses 33,23
Sukait	Sukkoth	5. Moses 33,17
Suru	Sur	1. Moses 16,7
Tarelu	Thareala	Josua 18,27
Teman-Kot	Theman	Jeremia 49,7
Tema-pura	Thema	Moses 25,15
Terich	Theres	Esther 2,21
Uri	Uri	2. Moses 31,2
Zelu	Zela	Josua 18,28

Abschließend noch eine Auswahl von geographischen Namen, die auf Jesus in der Form von »Yus« oder »Issa« Bezug nehmen.

Issa-Brari
Issa-Kush
Issa-Mati
Arya-Issa
Kal-Issa
Yusu-dhara
Yusu-gam
Yusu-maidan
Yusu-para
Yus-marg

Dieser Vergleich mit Bezeichnungen von Orten, Bergen und Landschaften in Kaschmir, von denen ich nur eine kleine Auswahl bot, zeigt sehr deutlich, daß die Juden ihre vertrauten Namen mit in die Fremde brachten. Dabei ist natürlich durchaus möglich, daß aus einem Stammesnamen ein Ortsnamen wurde und umgekehrt. Diese Anhäufung von gleichen oder sehr ähnlichen Namen zwischen Ländern, die damals eine Jahresreise auseinanderlagen und völlig unterschiedlichen Kulturkreisen angehörten, kann kein Zufall sein.

Nicht anders verhält es sich mit den in Kaschmir vorkommenden Stammes- und Familiennamen, aber auch mit den verschiedenen Bezeichnungen für Kasten und Unterkasten. Ich entnehme dem Buch Nazir Ahmads wieder eine kleine Auswahl:

Kaschmirname	Biblischer Name	Biblische Herkunft
Abri	Ibri	1. Chronik 24,27
Amal	Amal	1. Chronik 7,35
Asheriya	Asser	1. Moses 30,13
Assaul	Asael	2. Chronik 17,8
Attai	Atthai	1. Chronik 12,11
Azrie	Asriel	1. Chronik 5,24
Bakru	Bochru	1. Chronik 8,38
Bala	Bala	Josua 19,3
Bera	Beera	1. Chronik 5,6
Beroth	Beeroth	2. Samuel 4,2
Betya	Betah	2. Samuel 8,8

Fortsetzung nächste Seite

161

Kaschmirname	Biblischer Name	Biblische Herkunft
Bilgai	Bilga	Nehemia 12,5
Buhana	Bohan	Josua 15,6
Caleb	Kaleb	1. Chronik 2,18
Dar	Dor	1. Könige 4,11
Dara	Dara	1. Chronik 2,6
Dum	Duma	1. Chronik 1,30
Gabba	Geba	Josua 18,24
Gaddar	Gedor	1. Chronik 4,4
Gaddi	Gaddi	4. Moses 13,11
Gani	Guni	1. Chronik 7,13
Gareb	Gareb	1. Chronik 11,40
Gomer	Gomer	1. Moses 10,2
Hakak	Hukok	1. Chronik 6,60
Ikash	Ikkes	1. Chronik 11,28
Israel	Israel	1. Moses 32,29
Kahana	Kana	Josua 19,28
Kalkul	Chalkol	1. Chronik 2,6
Kanaz	Kenas	Richter 3,9
Kar	Kareah	2. Könige 25,23
Karrah	Korah	4. Moses 26,9
Kotru	Ketura	1. Moses 25,4
Lavi	Levi	1. Chronik 2,1
Mallak	Malluch	1. Chronik 6,44
Matri	Matri	1. Samuel 10,21
Mahsa	Massa	2. Moses 17,7
Mathu	Matthat	Lukas 3,29
Meresh	Meres	Esther 1,14
Moza	Moza	1. Chronik 8,36
Musa	Moses	Bücher Moses
Nehru	Nahor	1. Chronik 1,26
Opal	Ophel	2. Chronik 27,3
Pareh	Paruah	1. Könige 4,17
Pau	Phua	1. Chronik 7,1
Put	Put	1. Chronik 1,8
Raina	Rinna	1. Chronik 4,20
Raphu	Raphu	4. Moses 13,9
Razdon	Reson	1. Könige 11,23
Reshu, Resh	Resa	Lukas 3,29
Reual, Reu-wal	Reguel	4. Moses 2,14
Sachu	Seku	1. Samuel 19,22
Sam	Sem	1. Moses 5,32
Shamiri	Samir	1. Chronik 24,24
Shaul	Saul	1. Chronik 4,24
Shua	Suah	1. Chronik 4,11

Fortsetzung nächste Seite

162

Kaschmirname	Biblischer Name	Biblische Herkunft
Tamar	Thamar	2. Samuel 13,2
Tellah	Thelah	1. Chronik 7,25
Thabal	Thubal	1. Chronik 1,5
Thapal	Thophel	5. Moses 1,1
Toh	Thohu	1. Samuel 1,1
Tola	Thola	1. Chronik 7,1
Wani, Wain	Vanja	Esra 10,36
Yadu	Jahdo	1. Chronik 5,14
Zadu	Zadok	1. Chronik 24,3
Zartan	Zarthan	Josua 3,16
Zattu	Satthu	Esra 10,27
Zebu	Sebah	Richter 8,10

Diese nur aus dem Bereich Kaschmirs stammende Namensliste ergänzt Nazir Ahmad noch durch Beispiele aus Afghanistan, Pakistan, Ladakh, Gilgit, Pamir und anderen Gebieten. Ich möchte mich auf Kaschmir beschränken, und jeder wird bemerken, daß auch diese Beispiele der Stammes- und Familiennamen oft nur geringe phonetische Unterschiede aufweisen oder zumindest eindeutig eine gemeinsame Wurzel mit den hebräischen und aramäischen Wörtern aufweisen.

Zur Ergänzung füge ich noch aus E. v. Dänikens Buch »Reise nach Kiribati« einige Wortvergleiche zwischen Aramäisch und der Landessprache Kaschmirs an.

Aramäisch	Kaschmiri	Deutsch
ahad	ahad	eins
ajal	ajal	Tod
akh	akh	allein
awa	awan	blind
hamah	humaham	Lärm
kabar	kabar	Grab
katal	katal	Mörder
loal	lol	Liebe

Auch diese Beispiele gehen in ihrer meist völligen Identität weit über das hinaus, was man in der Regel noch als Zufall bezeichnen kann. Nun wird man vielleicht einwenden, die als »Kaschmiri« bezeichnete Landessprache sei eben mit dem Hebräischen oder Aramäischen irgendwie verwandt. Die Antwort ist ein klares Nein. Kaschmiri ist ein Abkömmling des Sanskrit und dieses ein Zweig der indoeuropäischen Sprachengruppe. So gibt es nur eine Erklärung: Die zugewanderten Juden haben diesen Sprachanteil eingebracht.

Das Grab des Moses

Ehe wir uns dem weiteren Schicksal Jesu in Kaschmir wieder zuwenden, soll noch von einer Legende berichtet werden, die viele Kaschmiris für die pure Wahrheit halten.

Der biblische Moses, so behauptet die Überlieferung, habe sein Grab in Kaschmir gefunden. Gäbe es nun in der jüdischen Tradition den Bericht von einem Mosesgrab – wie dies bei anderen Erzvätern, zum Beispiel Abraham, der Fall ist –, so wäre die Sache ziemlich einfach. Was sollte das Märchen von einem Mosesgrab in Kaschmir, wenn ein solches von alters her in Israel gezeigt und verehrt wird? Es gibt aber in Palästina keines. Auch das Alte Testament berichtet ausdrücklich, daß man das Grab dieses wohl berühmtesten der alttestamentarischen Juden nicht kennt. Im 34. Kapitel des 5. Buch Moses lesen wir:

»Also starb Moses, der Knecht des Herrn, daselbst im Land der Moabiter nach dem Wort des Herrn. Und er begrub ihn im Tal im Land der Moabiter gegenüber Beth-Peor. Und niemand hat sein Grab erfahren bis auf den heutigen Tag.«

Diese Bibelstelle klingt, als hätte Gott seinen geliebten Moses ohne Zeugen eigenhändig begraben. Es ist nun aber schon seltsam, daß ein Mann von der Bedeutung eines Moses so spurlos von der Erde verschwinden konnte. Jüdische Begräbnisse, noch dazu das eines Propheten, Gesetzgebers und Stammesführers, sind die Angelegenheit des gesamten Volkes. Diesen Mann haben – es sei denn, man habe gerade bei ihm alten jüdischen Brauch unterschlagen – Ehefrauen, Söhne, Töchter und Verwandte zu Grabe geleitet und dazu Hunderte von Menschen seiner Sippe und seines Volkes. Der Bibel nach starb er auf dem Berg Nebo im Land der Moabiter, also östlich des Toten Meeres. Er durfte das Land der Verheißung sehen, doch nicht betreten und war bei seinem Tod 120 Jahre alt.

Ich will nun nicht behaupten, daß sein Grab in Kaschmir liegt, sondern gebe nur eine alte Überlieferung wieder. Doch es bleibt seltsam, ja unverständlich, daß gerade bei diesem großen Mann die Grabstätte vergessen sein soll.

In der Tradition Kaschmirs versucht man, dieses Geheimnis mit Wortvergleichen zu lösen, wobei allerdings das Motiv von Moses' Reise nach Kaschmir ziemlich dunkel bleibt. Den Namen Beth-Peor glaubt man in der Ortschaft Bandipur (früher Behatpur) wiederzufinden. Der Ort liegt in der Nähe des nordwestlich von Srinagar gelegenen Walarsees.

Hesbon, Residenzstadt des Königs der Amoriter (5. Moses 4,46) wird auch im Hohenlied Salomons erwähnt:

»Deine Augen sind wie die Teiche zu Hesbon . . .«

Diese Teiche galten als sehr fischreich, ebenso wie die kleinen Seen in Hashba (Hasbal), einer kleinen Stadt nordöstlich von Bandipur.

Der im 5. Buch Moses (4,49) erwähnte Berg Pisga ist auch wegen seiner Quellen bekannt. In Kaschmir existiert ein Städtchen namens Pisga (auch Pishnag) am Fuß des Niltoopberges, berühmt für seine Heilquellen.

Zuletzt noch etwas über den Berg Nebo, den Ort von Moses' Tod. In Kaschmir setzt man ihn gleich dem Berg Nebu, etwa 10 Kilometer nordöstlich von Bandipur. Da es nun in der Bibel heißt:

»Gehe auf das Gebirge Abarim, auf den Berg Nebo, der da liegt im Moabiterland, gegenüber Jericho, und schaue das Land Kanaan, das ich den Kindern Israel zum Eigentum geben werde.«

Da nun der Blick von diesem Berg in eine karge wüstenartige Landschaft geht, meinen die Kaschmiri, daß dies doch nicht das gelobte, vom Herrn verheißene Land sein kann. Denn über dieses Land lesen wir in der Bibel:

». . . ein Land, darin Milch und Honig fließt . . . mit Bergen und Auen, die der Regen vom Himmel tränkt.«

Und diese Beschreibung, so sagt man in Kaschmir mit Recht, kann sich nur auf den Blick vom Mount Nebo hinab in die grünen und fruchtbaren Täler Kaschmirs beziehen, des »irdischen Paradieses«.

Jetzt noch ein Wort zum eigentlichen »Grab des Moses«, das auf dem Nebo-Berg in Kaschmir liegt und bis heute verehrt wird. In seinem Buch »Hashmat-i-Kashmir« schreibt Abdul Kadir dazu:

»Moses kam in Kaschmir an, und das Volk hörte ihm zu. Einige glaubten seinen Worten, andere wieder nicht. Er starb und wurde hier begraben. Das Volk von Kaschmir kennt sein Grab: Das Heiligtum des Propheten der Bücher.«

Zudem gibt es in der Umgebung des Grabes mehrere als »Mukam-i-Musa« bezeichnete Stätten, was mit »Ort des Moses« zu übersetzen wäre.

Der Journalist Andreas Faber-Kaiser hat das Grab besucht und es in seinem Buch »Jesus died in Kaschmir« geschildert.

»Der Aufstieg zum Grab von Aham Sharif aus dauert ungefähr zwei Stunden. Es ist ein mühevolles Klettern wegen des mit Steinen übersäten Bodens am Beginn des Aufstiegs und weiter oben, wo der Weg ziemlich schlüpfrig wird. Es gibt hier keine Hinweistafeln, so daß man sehr darauf achten muß, den Weg nicht zu verfehlen.

Nahe beim Grab, am Gipfel des Berges, gibt es eine kleine Judengemeinde. Die dort lebenden Menschen sind von den anderen Bewohnern dieser Gegend völlig isoliert. Sie tragen die Verantwortung für die Pflege des Grabes ihres Stammesführers Moses.

Wali Reshi heißt der derzeitige Hüter dieser Gedenkstätte. Ein wenig vom Hauptweg entfernt und nahe dem Dorf befindet sich eine Einfriedung, in deren Mitte sich die Grabstätte befindet. Eine niedrige Mauer umgibt das Grabfeld, das man durch ein hölzernes Gatter betritt. In dieses Gatter sind die Namen der früheren Grabhüter eingeschnitzt, welche, so sagt Wali Reshi, seit 900 Jahren aus seiner Familie stammen. Außerdem erzählte er uns, daß es 45 Familien im Dorf gibt und diese in keinem guten Einvernehmen mit den Bewohnern von Aham Sharif leben. Diese nämlich wünschen keine Berichte über das Grab, da sie befürchten, dies könnte die Ruhe ihres Wohngebiets beeinträchtigen.«

Das Grab, berichtet Faber-Kaiser weiter, sei von zwei riesigen Bäumen flankiert, die ein frommer Pilger vor etwa 400 Jahren pflanzte. Dann zitiert der Autor noch einige Stellen aus alt-moslemischer Literatur über das Grab. So schreibt Khwaja Muhammed Azam darüber:

»Sang Bibi war ein berühmter Einsiedler und ein in Gebet wie Meditation unübertroffener Mann. In der Nähe seines Grabes findet sich eine Stätte, die bekannt ist als das Grab Moses, des Propheten Gottes. Jene, die es kennen, versichern uns, daß dies eine Stelle des Heils sei.«

Der Autor Pandit Har Gopal berichtet in seinem Buch »Guldata-i-Kaschmir«:

»Die Moslems nennen dieses Gebiet (gemeint ist Kaschmir) ein ›Ebenbild des Himmels auf Erden‹ und den ›Garten Salomons‹. Es gibt viele Heiligtümer in diesem Land. Man sagt, daß Hazrat Suleiman (Salomon) hierherkam und daß Hazrat Musa (Moses) in diesem Land starb.«

Neben zahlreichen einheimischen oder indischen Autoren haben auch europäische Schriftsteller das Grab erwähnt, wie etwa Francis Bernier in »Travels in India« oder George Moore in »Die verlorenen Stämme«.

Mag es hier auch noch so viele Hinweise und Überlieferungen geben, so fehlt doch meines Erachtens ein hinreichendes Motiv für die Wanderung des Moses nach Kaschmir. Die »verschollenen Stämme« tauchten vermutlich erst in den letzten vorchristlichen Jahrhunderten hier auf, vielleicht frühestens im 5. oder 6. Jahrhundert v. Chr. Wann genau Moses gelebt hat, wissen wir nicht. Die Bibelforschung nimmt an, daß dies unter Ramses II. oder dessen Sohn Merenptah gewesen ist. Das wäre etwa der Zeitraum von 1290 bis 1210 v. Chr. – also noch lange vor den Ereignissen der beiden Exile.

Warum aber sollte Moses in ein ihm und seinem Volk völlig unbekanntes Land ziehen? Jesus besaß zwei glaubhafte und überzeugende Gründe für diese Reise, für Moses aber ist sie höchst unwahrscheinlich. Eines aber wird durch die alte Tradition des Mosesgrabes deutlich: Es ist ein weiterer gewichtiger Hinweis für die Besiedlung des Landes durch jüdische Stämme.

Im Laufe der Jahrhunderte mögen sich dann örtliche Legenden um Namen wie Salomon oder Moses gebildet haben. Ist eine Legende einmal geboren, so sorgt die Phantasie eines von Fernsehen, Radio und Zeitungen noch weitgehend unbelasteten Volkes für weitere Ausschmückung.

So sei der Kuriosität halber noch der »Sang-i-Musa« (Stein des Moses) erwähnt. Dieser Stein liegt bei der Ortschaft Bijabhara, etwa 40 Kilometer südlich von Srinagar. Die Menschen dort nennen ihn Ka-ka-pal. Der Stein ist etwa einen Zentner schwer, und man sagt, wenn elf Personen einen Finger an die untere Ecke des Steines legen und gemeinsam »ka-ka-ka-ka« skandieren, dann fängt er an, sich zu bewegen. Das persische Geschichtswerk »Rauzat-us-Saufa« erklärt die Sache so:

»Von Moses wird erzählt, er sei so furchtsam und schamhaft gewesen, seinen nackten Körper zu zeigen, daß niemand ihn je gesehen hatte. Die Nacktheit war nicht verboten unter den Söhnen Israels, die sich nicht scheuten, voreinander unbekleidet zu erscheinen. Da Moses aber ein Feind dieses Brauchs war, begannen übelbeleumdete Mitglieder seines Volkes, von einer verborgenen Krankheit zu reden. Dieses Gerücht wurde so weit verbreitet, daß Gott, um die Unversehrtheit des Moses zu erweisen, einem Stein, auf den Moses während eines Bades seine Kleider gelegt hatte, befahl wegzurollen. Als Moses den Stein mit seinen Kleidern davoneilen sah, stürzte er nackt aus dem Wasser und verfolgte ihn. Er war so beschäftigt, seine Kleider wiederzuerlangen, daß er die Leute nicht bemerkte, die ihn betrachteten, als er vorbeilief. Die ihn aber sahen, konnten an ihm nichts feststellen außer der Reinheit seines mächtigen Körpers. Dies ließ die Menschen mit Gerüchten vorsichtiger umgehen und zwang sie, die Reinheit seines Körpers und Geistes wahrzunehmen. Nach diesem Vorfall befahl Gott dem Moses, diesen Stein gut zu hüten, denn er würde ihn später noch benötigen.

Man sagt, daß der Stein vier Außenflächen hat und daß, von einem Stab berührt, aus jeder Seite vier Ströme Wasser kämen. Zu Beginn würde das Wasser nur tropfen, doch allmählich stärker fließen und am Ende so gewaltig strömen, daß alle Stämme Israels versorgt seien.«

Diese schöne, poetische Legende hat ihren Ursprung vermutlich im 4. Buch Moses, wo das Volk Israel am Verdursten ist und Moses auf Gottes Geheiß mit dem Stab Aarons Wasser aus dem Felsen schlägt.

In Aishmukam (Jesu Rastplatz), einem Ort nahe Srinagar, wird ein dunkelbrauner Wanderstab aus Olivenholz aufbewahrt. Dieser Stab wird als Asa-i-Musa oder Asa-i-Isa bezeichnet, was entweder auf Moses oder auf Jesus hinweist. Die ihn aufbewahren, glauben, es sei der Stab des Moses, mit dem er Wasser aus dem erwähnten »Stein des Moses« schlug. Der Stab wird unter Verschluß gehalten und nur bei drohenden Naturkatastrophen –

Dürre oder Überschwemmung – hervorgeholt. Soviel zur Moses-
überlieferung in Kaschmir.

Jesus in Kaschmir (II)

Nach dem bisher Berichteten dürfen wir annehmen, daß Kaschmir das letzte geographische Ziel im Leben Jesu war. Da sich
aber aus seiner Epoche keinerlei Spuren christlichen Glaubens in
Kaschmir erhalten haben, muß daraus der Schluß gezogen werden, daß Jesus zu Lebzeiten hier zwar Jünger und Anhänger gewann, diese jedoch später nicht imstande oder willens waren,
den Glauben weiter auszubreiten. In Kaschmir jedenfalls hat Jesus keinen Paulus gefunden.

Obwohl jede Spekulation über solche Fragen wenig sinnvoll
ist, so wäre es doch interessant, zu wissen, welche Art von Lehre
Jesus in und um Kaschmir verkündet hat, welche Boschaft er
den »verlorenen Schafen« brachte.

Daß Kaschmir in jener Zeit dank den missionarischen Bemühungen des Königs Aschoka überwiegend buddhistisch war, ist
mit Sicherheit überliefert. Erst während des vierten nachchristli-
chen Jahrhunderts begann der Hinduismus, dort wieder mehr an
Boden zu gewinnen.

Da anzunehmen ist, daß Jesus auch in Kaschmir den dort lebenden Juden seine Botschaft – wie wir sie in den Evangelien
dargestellt finden – gepredigt hat, wäre zu überlegen, wie die
wohl überwiegend dem Buddhismus anhängenden Juden darauf
reagiert haben. Falls man die unter den Buddhisten seit jeher ge-
übte Toleranz in Glaubensfragen in diese Überlegungen mit ein-
bezieht, so war zu erwarten, daß die Juden Kaschmirs mit Respekt und Geduld der Botschaft ihres »Landsmanns« gelauscht
haben, ohne sich davon wesentlich beeinflussen zu lassen.

Wir müssen uns noch einmal die Situation vergegenwärtigen:
Jesus hatte es hier nicht mit der mediterranen Welt in ihrer Vielfalt von Göttern zu tun, wo es jedem überlassen war, an wen
und an wie viele von ihnen er glaubte. In ihr gab es keinen ver-

bindlichen religiösen Kanon wie auch keine exakte allgemeingültige Vorstellung von einem gottgefälligen »richtigen« Leben und von einer Existenz danach. Der Begriff des »Hades« war vage und verschwommen, gab weder Trost noch Hoffnung. Für stark religiös veranlagte Menschen im Mittelmeerraum waren da noch die zahlreichen Mysterienkulte, die genau vorschrieben, was man zu tun und zu lassen hatte, und auch die Hoffnung auf ein besseres Jenseits gaben. Doch diese Kulte waren exklusiv und für den einfachen Menschen weder erschwinglich noch verständlich.

Der Buddhismus dagegen wandte sich – wie auch das Christentum – an alle. Arm und reich, hoch und niedrig, alle waren willkommen, jeder konnte den »achtfachen Pfad« beschreiten, der zur Erlösung führte, und zwar durch:

Rechte Anschauung, rechte Absicht, rechtes Reden, rechtes Handeln, rechtes Leben, rechtes Streben, rechtes Überdenken, rechtes Sichversenken.

Falls Jesus die Zehn Gebote des Moses verkündete, so mußte er feststellen, daß diese in Kaschmir längst auch zum moralischen Rüstzeug des Buddhismus gehörten. Zwar gebrauchte der Buddhismus andere Formulierungen, doch gemeint war das gleiche.

Buddha predigte:

Du sollst Mutter und Vater dienen, Frau und Kind beschützen . . . Du sollst Almosen spenden, gläubig leben, die Verwandten beschützen und makellos handeln . . .

Ehrfurcht und Demut, Zufriedenheit und Dankbarkeit – das ist der höchste Segen.

Buße und Reinheit, Einsicht in die edlen Wahrheiten – das ist der höchste Segen.

Richard A. Gard schreibt in seinem Buch »Der Buddhismus«:

»Die buddhistische Zivilisation hat jedem, der mit ihr in Berührung kam, das Modell eines würdigen Menschen vor Augen gehalten, ein Idealbild, dem Bettler wie König gleichermaßen nacheifern können.

Die Laien übernahmen dieses Ideal und strebten ihm, soweit es in ihren Kräften stand, nach, während es seinen vollen Ausdruck in der Nächstenliebe, im Mut und in der Weisheit des

Aus dem Jahr 115 nach Christus stammt dieses Buch, in dem von einem Treffen zwischen König Shalewahin und einem Mann, der sich als »Messias« (Jesus?) bezeichnete, berichtet wird.
Foto: Stern

Sangha (Mönchtum) fand. [...] Die Beurteilung eines Individuums nach seinen sittlichen Qualitäten und seiner wahren Weisheit und nicht nach seiner wirtschaftlichen Macht ...«

Ein ähnlicher Gedanke steht hinter dem Klosterleben des Christentums: Unbehelligt von den Versuchungen und Anforderungen des weltlichen Lebens ganz im Dienst Gottes aufzugehen.

Daß Jesus durch seine Predigten und sein vorbildliches Leben auch in Kaschmir als Prophet und Heiliger verehrt wurde, ist durch vielfältige Überlieferung bewiesen.

Den bisher angestellten fiktiven Überlegungen, wie es gewesen sein könnte, als Jesus unter den Juden predigte, läßt sich ein allerdings bescheidenes Maß an schriftlicher Überlieferung anfügen.

Das Institut für Orientalistik der Bombay-Universität in Purna hütet die Überreste eines Buches, das im Jahre 115 n. Chr. in Sanskrit verfaßt wurde. In ihm erwähnt der Chronist die Begegnung des Königs Shalewahin von Kaschmir mit einem weißgekleideten Mann von heller Hautfarbe. Ich gebe die Beschreibung dieser Begegnung – die in verschiedenen Versionen existiert – in freier Übersetzung aus dem Englischen wieder: »Radscha Shalewahin, Enkel des Radscha Bikramajit, übernahm die Regierung des Landes. Er schlug die Armeen der Chinesen, der Parther, der Skythen und der Baktrier. Er bestimmte den Grenzverlauf zwischen den Ariern und den Amalekitern, indem er letzteren die andere Seite des Indus zuwies. Eines Tages war Shalewahin auf dem Weg in die Berge des Himalaja. Hier sah der große König einen würdigen Mann, der zu Füßen eines Hügels saß. Der Mann war von heller Erscheinung und trug weiße Kleider. König Shalewahin fragte ihn, wer er sei. Er antwortete freundlich:

›Ich bin als der Sohn Gottes bekannt, von einer Jungfrau geboren.‹

Als den König diese Antwort erstaunte, fügte der Heilige hinzu: ›Ich predige die Religion der Amalekiter und folge dem Weg der Wahrheit.‹

Der König fragte ihn nach seiner Religion, und er antwortete: ›Mein König, ich stamme aus einem fernen Land, in dem die Wahrheit keinen Platz mehr hat und in welchem das Böse keine Grenzen kennt. Ich erschien im Land der Amalekiter als der Messias. Durch mich litten die Sünder und Schuldigen, und ich litt durch ihre Hände.‹

Der König bat ihn um nähere Auslegung seiner Religion, und der Heilige sagte:

›Sie lehrt Liebe, Wahrheit und die Reinheit des Herzens. Sie lehrt die Menschen, Gott zu dienen, der im Zentrum der Sonne und der Elemente herrscht. Gott und die Elemente aber dauern ewig.‹

Der Heilige fügte noch hinzu, daß man ihn ›Isa Masih‹ (Jesus, der Messias) nenne. Darauf verbeugte sich der König und ging weg.«

Jesus sagte, er sei »von einer Jungfrau geboren«, obwohl er nach dem Stand der Dinge noch nicht ahnen konnte, daß die Evange-

173

lien seine Mutter später zur »unbefleckten Jungfrau« erhöhen würden. Die naheliegendste und einleuchtendste Erklärung könnte sein, daß Jesus damit sagen wollte, er sei der Erstgeborene, was ja im jüdischen Bereich von immenser Bedeutung war. Dann erwähnt Jesus zweimal die »Amalekiter«. Daß in diesem Zusammenhang nur die Juden gemeint sein können, steht außer Zweifel. Die wirklichen Amalekiter nämlich lebten in der Wüste zwischen dem Sinai und dem Südwesten Palästinas. Den verschiedenen Berichten des Alten Testaments zufolge waren sie erbitterte Gegner der Juden und wurden von diesen unter König Saul vernichtend geschlagen. Nach der Epoche König Davids wurden sie nicht mehr erwähnt.

Nun wäre noch wichtig zu wissen, wann diese Begegnung zwischen Jesus und dem König stattgefunden hat. Wir wissen von König Shalewahin, daß er das Volk der Saktas aus Nordindien vertrieb und danach in den Süden zog, wo eine Rebellion ausgebrochen war. Nach Meinung der Geschichtsforscher verließ er Kaschmir im Jahr 78 n. Chr. Für das kampfreiche Leben des Königs Shalewahin war Kaschmir nur eine Episode, doch mit dem Sieg über die Saktas begann er eine eigene, nach ihm benannte Zeitrechnung. So muß die Begegnung zwischen König und Prophet wohl um die Zeit von Shalewahins kriegerischem Aufenthalt in Kaschmir stattgefunden haben, also etwa um das Jahr 78 n. Chr. Jesus müßte um diese Zeit das hohe, jedoch nicht unwahrscheinliche Alter von 80 bis 85 Jahren erreicht haben. Auch der etwa gleichaltrige Wanderprediger Appolonius von Tyana starb erst unter Kaiser Nerva (96–98 n. Chr.), also etwa als Hundertjähriger.

Dem aufmerksamen Leser wird es vielleicht nicht entgangen sein, daß das Treffen zwischen König Shalewahin und Jesus – wenn Nazir Ahmads Berechnungen tatsächlich stimmen – im Jahre 78 n. Chr., also noch zur Regierungszeit von König Gopananda (49–109 n. Chr.), stattgefunden hat. Sollte es zwei Könige von Kaschmir zur gleichen Zeit gegeben haben? Die Sache erklärt sich so, daß König Gopananda – in den englischen Texten meist als »Radja« bezeichnet – mit Kaschmir oder einem Teil davon ein relativ kleines Lokalfürstentum beherrschte, während Shalewahin zu den großen Königen zählte, die damals weite Teile von Nord- und Mittelindien in ihre Gewalt brachten. Diese Großkönige begnügten sich mit einer Tributzahlung der kleinen Teilfürsten, ohne sie aus ihrem Land zu vertreiben.

War Jesus in Ladakh?

Nach allem, was wir wissen, ist anzunehmen, daß Jesus bis zu seinem Tod etwa dreißig bis vierzig Jahre in Kaschmir gelebt hat. Ob er sich in diesen Jahren nur in und um Srinagar aufgehalten hat oder lehrend und predigend weitere Kreise zog, wissen wir nicht. Mit einiger Sicherheit jedoch steht fest, daß es einen Teil der jüdischen Siedler auch in das Bergland von Ladakh verschlagen hat. Als deutlichen Hinweis darauf finden wir in Nazir Ahmads Buch einige Ortschaften, deren Namen auf jüdische Herkunft hinweist. Einige Beispiele mögen genügen.

Ort in Ladakh	Biblischer Name	Bibelstelle
Baltal	Bethul	Josua 19,4
Hamis	Hamath	1. Chronik 18,9
Huel	Hiel	1. Könige 16,34
Hussor	Hazor	Josua 15,23
Kirjuth	Kirjath	Josua 18,28
Leh	Lehi	Richter 18,146

In ihrem 1931 in London erschienenen Buch »In the World's Attic« erwähnt Henrietta Merrick, daß sie in dem bei Leh gelegenen Kloster Himis Gonpa, wo auch Nikolaus Notowitsch seinen bedeutenden Fund machte, Schriften in tibetischer und in der Palisprache entdeckt habe, die einen Aufenthalt Jesu in Leh erwähnen. Dies läßt sich natürlich nicht weiter nachprüfen, doch wir treffen in Ladakh auch auf die Spuren eines sehr frühen Christentums. In Tankse, etwa hundert Kilometer südöstlich

175

von Leh, finden wir in Felsen eingemeißelte Kreuze und In-schriften der alten nestorianischen Christen, die vermutlich aus Syrien hierherkamen. Nestorius (381–451), der Begründer dieser Lehre, verkündete die dauernde Getrenntheit der zwei Naturen Jesu, also der göttlichen und der menschlichen. Demgemäß be-zeichnete er Maria als die »Christusgebärerin« und nicht als die »Gottesgebärerin«. Das Konzil zu Ephesos verdammte 431 seine Lehre, und er starb verbannt und gefangen in Ägypten. Einige tausend Nestorianer leben bis heute verstreut – und ihrerseits aufgespalten – im Irak und in Indien.

Zu diesem Themenkomplex schreibt der deutsche Autor F. A. Plattner in seinem Buch »Christliches Indien«: »In Leh treffen wir wieder auf die Legende von einem Besuch Christi in diesem Landesteil. Der hinduistische Postmeister von Leh und einige la-dakhische Buddhisten erzählen uns, daß in Leh – nicht weit vom Bazar – noch ein Teich existiert, daneben ein alter Baum. Unter diesem Baum predigte Christus dem Volk, ehe er nach Pa-lästina abreiste. Wir hörten auch eine andere Legende, nach der Christus als junger Mann mit einer Händlerkarawane in Indien ankam und wie er im Himalaja die heiligen Schriften studierte. Wir hörten verschiedene Versionen dieser Legende, die weit über Ladakh, Sinkiang und die Mongolei verbreitet ist. Alle Ver-sionen sind sich in dem Punkt einig, daß Christus während sei-ner Abwesenheit (gemeint ist die Zeit von der Kindheit bis in die dreißiger Jahre) in Indien und Asien gewesen ist. Woher die Le-gende kommt, ist ohne Bedeutung, vielleicht stammt sie von den Nestorianern. Es ist jedoch wichtig, zu sehen, daß diese Ge-schichten absolut ernst genommen werden.«

Ein Beweis, daß Jesus in Ladakh war, ist dies freilich nicht, doch daß unter Buddhisten bis heute solche Legenden zirkulieren, ist schon einiges Nachdenken wert.

Im Zusammenhang mit den Nestorianern wäre noch ein Ku-riosum zu berichten. Ihnen nämlich haben wir es zu verdanken, daß Buddha in den christlichen Heiligenkalender aufgenommen wurde. Carl Schneider schreibt dazu:

»Die Nestorianer, die in friedlicher Eintracht mit Buddhisten und Manichäern die gleichen Heiligtümer benutzten, waren es, die Buddha in das christliche Pantheon aufnahmen, wo er dann zu einem Lieblingsheiligen des Mittelalters wurde und über das römische Martyrologium als Heiliger Joasaph noch heute verehrt wird. Joasaph (Bodhisattwa) wird als indischer Königssohn trotz der Hinderungsversuche seines Vaters von den Asketen Barlaam zum Prediger und Mönch bekehrt. Dieser christliche Buddha zog zu den Georgiern, nach Byzanz und nach dem Westen. Es ist wieder eine Ironie der mittelalterlichen Kirchengeschichte, daß in der Zeit, in der man die letzten Paulicianer, Bogomilen und Albingenser totschlug, gerade in den Kreisen ihrer Verfolger der ›heilige Buddha‹ glühend verehrt wurde.«

Jesus als Stammvater

Wann Jesus in Kaschmir gestorben ist, weiß niemand, doch allem Anschein nach muß er ein hohes Alter erreicht haben. Nun existiert in Kaschmir eine Legende, daß Jesus auf Wunsch des schon erwähnten Königs Shalewahin in späten Jahren noch eine Familie gründete und Nachkommen zeugte.

Auch wenn manchen Leser diese Vorstellung mehr verblüfft und vielleicht gar entsetzt als das bisher Geschilderte, so möchte ich bei dieser Gelegenheit ganz nachdrücklich betonen, daß ich mir diese Dinge nicht zusammenphantasiere, sondern nur altüberlieferte Legenden – nennen wir sie ruhig so – wiedergebe. Sowenig sich heute noch feststellen läßt, wo Homer geboren wurde und ob er tatsächlich der Verfasser von Ilias und Odyssee war, sowenig läßt sich sagen oder gar schlüssig beweisen, daß Jesus eine Familie gründete und Nachkommen hatte.

In dem alten persischen Geschichtsbuch »Negaris-tan-i-Kashmir« wird berichtet, daß König Shalewahin Jesus nahelegte, er solle sich eine Frau nehmen, damit er sich nicht mehr um die Dinge des täglichen Lebens zu kümmern habe. Der König ließ ihm die Auswahl unter fünfzig Frauen, doch Jesus sagte, er brauche und wolle keine. Das half aber nichts, der König bestand darauf, und so nahm Jesus eine Frau namens Maryan, die ihm später Kinder gebar.

Dies und die folgenden Ereignisse schildere ich nach dem schon erwähnten Buch von Andreas Faber-Kaiser. Der Autor lernte in Srinagar durch die Vermittlung von Professor Hassnain einen Mann kennen, der allen Ernstes behauptete, in bewiesener und kontinuierlicher Geschlechterfolge von Yus Asaf, also von Jesus, dem Propheten, abzustammen.

Faber-Kaiser besuchte also zusammen mit F. M. Hassnain in seinem Haus Sahibsada Basharat Saleem, den Faber-Kaiser einen »begeisterten Fotografen, Kunstliebhaber und Poeten« nennt. Im *Stern*-Artikel wird als einziger Beruf Saleems »Hotelier« genannt. Wie dem auch sei, sie kamen mit Saleem ins Gespräch, und Faber-Kaiser stellte die Frage, ob er sich als direkter Nachkomme von Jesus betrachte. Saleem antwortete:

Wann immer er seinen Vater danach gefragt habe, wurde ihm geantwortet, daß der Großvater seines Großvaters (im weitesten Sinn zu verstehen) ein Prophet namens Yus Asaf gewesen sei. Saleem fügte noch hinzu, daß sein Vater, von Freunden direkt nach diesem Vorfahren befragt, zu antworten pflegte: »Ja, sicher, doch wir nennen ihn Yus Asaf.«

Basharat Saleem besitzt auch eine Ahnentafel, die in langer Reihe direkt auf Jesus zurückführt. Als Faber-Kaiser nach der Frau fragte, die Jesu Kinder geboren habe, sagte Saleem, dies sei Maryan gewesen, die aus einem Schafzüchterdorf im Tal von Pahalgam stammte.

Saleem erzählte dann von einigen Wunderheilungen seines Vaters und Großvaters, die deshalb weithin bekannt gewesen seien.

In der Asienausgabe von »Who's who« lesen wir über Basharat Saleem, daß er am 14. August 1934 geboren wurde, Herausgeber einer Zeitschrift war und sich jetzt als Hotelier betätigte. Aus politischen Gründen war er mehrmals inhaftiert, zuletzt 1965 während des Indisch-Pakistanischen Krieges.

Einer alten Familientradition zufolge »erbt« der jeweils älteste

Sohn der Saleems das Recht und die Pflicht, das »Rozabal« zu hüten. Rauzabal heißt Grab des Propheten, und mit ihm ist das Grab von Yus Asaf, also Jesu Grab in Srinagar, gemeint.

Anmerkungen zum Jesusgrab

Es wurde nicht überliefert, wann genau Jesus in Srinagar gestorben ist. Nach den verfügbaren Anhaltspunkten muß er ein für seine Zeit hohes Alter erreicht haben. Vielleicht starb er mit achtundachtzig Jahren, vielleicht mit neunzig – wir wissen es nicht.

Die Überlieferung berichtet, daß Jesus einen Lieblingsschüler zu sich rief, als er den Tod nahen fühlte. Er trug dem Jünger auf, für das Fortdauern seiner Lehre Sorge zu tragen. Außerdem bestimmte er genau den Platz seines Grabes und ordnete an, mit dem Kopf nach Osten bestattet zu werden. Da der eigentliche Sarkophag tatsächlich in Ost-West-Richtung steht, wissen wir, daß dieser Wunsch erfüllt wurde.

Zur Geschichte des Grabes – soweit es geschichtliche Überlieferungen gibt – hat J. D. Shams in »Where did Jesus die?« einige Zitate gesammelt, die ich auszugsweise wiedergebe. Die älteste Nachricht stammt wohl aus dem arabischen Geschichtswerk »Ikmal-ud-Din«, das nach Shams vor etwa tausend Jahren entstanden ist. Hier lesen wir:

»Er [Jesus] wanderte durch verschiedene Länder und Städte, bis er ein Land namens Kaschmir erreichte. In diesem Land zog er umher, lebte dort und blieb, bis ihn der Tod ereilte. Sein Körper zerfiel zu Staub, und seine Seele fuhr gen Himmel. Ehe er seinen letzten Atemzug tat, rief er einen seiner Schüler namens Yabid, der ihm diente und in vielen Dingen des Lebens zur Hand ging, und trug ihm folgendes auf:

›Mein Abschied von dieser Welt ist nahe. Du aber mußt deine Aufgabe erfüllen und darfst niemals von der Wahrheit abweichen und deine religiösen Pflichten versäumen.‹

Dann bat er den Schüler, ihm ein Grab zu errichten, streckte seine Beine, richtete sein Gesicht nach Osten und gab den Geist auf.«

Weiterhin erfahren wir aus diesem Buch, daß Yus Asaf seine Botschaft als »bushra« bezeichnete, also mit dem sowohl arabischen wie hebräischen Namen für den Begriff »Evangelium«. Hierfür wird ein Gleichnis gebracht:

»Dann begann er einen Baum mit dem Evangelium zu vergleichen (im Original ›bushra‹), das er den Menschen predigte, und eine Wasserquelle mit der Weisheit und den Kenntnissen, die er besaß. Die Vögel aber verglich er mit den Menschen, die um ihn waren und seine Lehre annahmen.«

In dem etwa zweihundert Jahre alten Geschichtswerk »Tarik-i-Azami« heißt es:

»Das dem des Sayid-Nasr-ud-Din benachbarte Grab ist allgemein als das eines Propheten bekannt, der zu den Einwohnern Kaschmirs gesandt wurde, und diese Stelle wird als Heiligtum eines Propheten verehrt. Er war ein Prinz, der aus der Fremde nach Kaschmir kam. Er war vollkommen in Frömmigkeit, Gerechtigkeit und Demut. Gott machte ihn zum Propheten und trug ihm auf, in Kaschmir zu predigen. Sein Name war Yus Asaf.«

Pfarrer Weitbrecht, ein christlicher Missionar, der lange Jahre im Pandschab verbrachte, besuchte das Grab im Jahre 1903. In der Missionszeitung »Epiphany« berichtete er darüber.

»Im Innern gibt es zwei Grabsteine. Er – der würdige alte Grabhüter – sagte, daß das größere am nördlichen Ende das von Yus Asaf sei und das kleinere dem Sayid-Nasr-ud-Din gehöre.«

In der Zeitschrift »Review of Religions« vom Oktober 1909 lesen wir:

»Die bemerkenswerte Tatsache bei diesem Grab ist, daß es nicht nur als die Ruhestätte eines ›Nabi Sahib‹ bekannt ist, sondern auch als die des ›Isa Sahib‹ bezeichnet wird. Als Mirza Bashir-ud-Din ... die alte Grabhüterin fragte (die letzte einer langen Reihe von erblichen Grabhütern), wessen Grab das sei, antwortete sie:

›Es ist das Grab von Isa Sahib.‹

Als sie gefragt wurde, warum sie es das Grab von Isa Sahib nenne, da doch die Christen glauben, daß dieser im Himmel sei, sagte sie:

›Laß sie glauben, was sie wollen. Diesen Namen haben wir schon von unseren Ahnen überliefert bekommen.‹«

Die in diesem Bericht gebrauchte Bezeichnung »Nabi Sahib« ist insofern von Bedeutung, als es das Wort »nabi« nur im Hebräischen und im Arabischen gibt. In beiden Sprachen hat es die Bedeutung »Prophet«.

Sir Francis Younghusband, der britische Gouverneur in Kaschmir von 1909 bis 1911, äußerte sich zu diesem Thema in seinem Buch über Kaschmir:

»Es lebte in Kaschmir vor etwa 1900 Jahren ein Heiliger mit dem Namen Yus Asaf, der in Gleichnissen predigte und viele der Gleichnisse gebrauchte, die wir von Christus kennen, wie etwa das vom Sämann. Sein Grab ist in Srinagar, und die Theorie des Gründers der Qadiani-Sekte lautet, daß Yus Asaf und Jesus ein und dieselbe Person sind.«

J. D. Shams erwähnt noch einen gewissen Ahmad Islam, der 1939 in einem Brief an den Herausgeber der Zeitschrift »The Sunrise« seinen Besuch des Jesusgrabes schilderte. Er fragte einen der Grabwächter:

»Wie alt, glauben Sie, könnte das Grab sein?«

»Sehr alt, mein Herr«.

»Also – wie alt?«

Die Grabwächter – es waren drei – schauten einander an, bis einer von ihnen sagte: »Neunzehnhundert Jahre«, und fügte noch hinzu, daß dieser Prophet von weit her gekommen sei. Dieses Grab sei seit Hunderten von Jahren verehrt worden. So sei es ihnen von ihren Vätern erzählt worden.

J. D. Shams zieht dann aus den von ihm angeführten Zitaten die folgenden Schlüsse.

»Sämtliche der hier angeführten Zitate über das zur Erörterung stehende Grab zeigen: Die dort bestattete Person war
1. ein Prinz.
2. Ein »Nabi«, das heißt ein Prophet Gottes, zu den Einwohnern von Kaschmir gesandt.
3. Er pflegte in Gleichnissen zu reden.
4. Er war ein Fremder, der vor etwa 1900 Jahren aus dem Westen kam.
5. Sein Name war Yus Asaf, er wurde aber auch Issa genannt.
   Nachdem diese Tatsachen festgestellt sind, ist es nicht schwer, den Inhaber dieses Grabes zu identifizieren. [...]
1. Jesus war aus fürstlichem Geschlecht, da man ihn den Sohn Davids nannte ...
2. Jesus war ein »Nabi«, das heißt ein Prophet Gottes, gesandt zu den verlorenen Schafen des Hauses Israel. Er reiste von Palästina nach Afghanistan und Kaschmir, um dort Gottes Wort den Juden zu predigen.
3. Jesus sprach in Gleichnissen. Er nannte seine Predigten ›bushra‹ (Evangelium) und verglich seine Schüler mit Vögeln. Das Gleichnis des Sämanns finden wir bei Matthäus (13,3); denn, wie es ebenfalls bei Matthäus heißt (13,34):
   ›Dies alles redete Jesus durch Gleichnisse zu dem Volk, und ohne Gleichnis redete er nicht zu ihnen.‹
4. Er reiste von Palästina nach Kaschmir vor etwa 1900 Jahren. Sie lebten also in der gleichen Zeit.
5. Im Koran heißt Jesus ›Issa‹, abgeleitet aus dem hebräischen Wort Ishu.«

Das Rozabal (Rauza Bal = Grab des Propheten) in Srinagar.
Foto: Stern

Der Holzschrein über den Gräbern von Yus Asaf (Jesus) und Sayid-Nasr-ud-Din.
Foto: Stern

Auch wenn wir dieser Beweisführung von J. D. Shams nicht in allen Punkten folgen müssen, so hat sie doch viel für sich und ist es wert, daß man sich gründlich mit ihr beschäftigt.

Das Jesusgrab in Srinagar

Im Zentrum von Srinagar liegt das »Rauzabal Khanyar« genannte Heiligtum. Rauzabal heißt »Grab des Propheten«, und Khanyar ist der Name des Stadtteils von Srinagar, in dem das Grab liegt. Eine enge Gasse führt zu dem Gebäude, das wie eine Mischung aus Moschee, Kirche und Hindutempel aussieht. Der Bau steht inmitten eines mit Steinen übersäten kleinen Gartens. Sieht man sich genauer um, so bemerkt man, daß es sich bei diesen Steinblöcken um Grabsteine handelt. Das Grab des Propheten steht also inmitten eines Moslemfriedhofes. Natürlich gab es zuerst das Grab von Yus Asaf, von Jesus, dem Versammler, und später empfand man es als eine Ehre, in seiner Nähe bestattet zu werden. Man darf sich die gesamten Räumlichkeiten nicht allzu groß vorstellen; sind mehrere Personen anwesend, geht es sogar ziemlich eng zu.

Durch die kleine Eingangshalle betritt man eine offene Galerie, in deren Zentrum sich der von einem feingeschnitzten Holzgitter umgebene Grabraum befindet. Nach der Sitte von Moslems und Hindus hat man die Schuhe draußen abgelegt. Über dem schmalen Eingang zu den Gräbern hängt eine Tafel, auf der die Worte – in lateinischer und arabischer Schrift – stehen:

ZIARAT YUZA ASAF KHANYAR

wobei in diesem Fall »Ziarat« das arabische Wort für die Grabstätte eines Heiligen ist. Der arabische Text informiert den Besucher, daß dies das Grab von Yus Asaf sei, der vor vielen Jahrhunderten nach Kaschmir kam und sein Leben dem Verkünden der Wahrheit weihte.

Durch die geöffnete Tür des Holzgitters erblickt man einen schön gearbeiteten Schrein, der die Gräber von Yus Asaf und Sayid-Nasr-ud-Din bedeckt.

Erich von Däniken, der das Grab zusammen mit Professor Hassnain besuchte, erhielt die Erlaubnis, in den eigentlichen Grabraum hinabzusteigen. Seinem Bericht ist zu entnehmen, daß ihn, den Vielgereisten und Vielerfahrenen, der Besuch des Jesusgrabes in Srinagar doch seltsam bewegt hat. Lassen wir den berühmten Autor selber erzählen.

»Der Schrein wurde geöffnet, ich verrichtete zum Wohlgefallen derer, die mich beobachteten, ein kurzes Gebet. Dann machte ich die Kamera schußbereit und stieg durch ein kleines Gittertor ins Innere. Zurückdenkend kann ich nicht leugnen, daß ich auf unerklärliche Weise irritiert war. Damals, erinnere ich mich, zwang mich die Enge zur Konzentration auf komplizierte Aufnahmen. Das Blitzlicht grellte auf. Ein Sakrileg? Mir fiel der Jesus meiner Schulzeit ein, der, wie man uns lehrte, Verständnis für jedwedes menschliche Verhalten aufbrachte, er würde, dachte ich, auch für mein neugieriges Anliegen Verständnis haben. Ich angelte den Kompaß aus der Brusttasche meines Buschhemds: Die Grabplatten waren in west-östlicher Richtung ausgelegt.

Ich machte Aufnahmen mit unterschiedlichen Objektiven, ich beschäftigte mich, weil ich enttäuscht war. Gibt denn diese Gruft, diese steinbedeckte Begräbnisstätte, Aufschluß darüber, was in ihr verborgen ist? Ist nicht alles, was behauptet wird, nur eine Schimäre? Diese Steinplatten müßten gehoben, das wirkliche Grab geöffnet werden. Erst wenn Gebeine mit Wundmalen an Händen und Füßen zum Vorschein kämen, wäre das ein wirklicher Beweis. Vielleicht gäben auch Grabbeigaben Auskünfte.

Es ließe sich sogar vorstellen, daß einer so berühmten Gestalt wie Jesus Daten seines Lebens auf einer Schriftrolle mit in die Stätte seiner letzten Ruhe gelegt wurden. Schon an einem winzigen Stück gefundenen Knochens ließe sich die Zeit des Todes genau datieren.

›Herr Professor, warum wird das Grab nicht untersucht, um aus Annahmen Tatsachen zu machen?‹

Seit Jahren, erklärte Hassnain, bemühe er sich erfolglos

Das Grab des Yus Asaf (Jesus) in Srinagar.
Foto: Stern

darum. Höchste Stellen fürchteten, die religiösen Gefühle der Christen, Moslems und Hindus zu verletzen. Er zwinkerte mir zu:

›Schreiben Sie darüber! Ihre Bücher werden überall gelesen und diskutiert. Vielleicht hilft das. Übrigens wäre es ein großer Erfolg, wenn endlich Gelehrte aus aller Welt bei den obersten indischen Behörden eine Graböffnung erreichen könnten!‹«

Dem Wunsch des Professors Hassnain kann man aus wissenschaftlicher Sicht nur zustimmen. Man sollte allerdings auch bedenken, ob man nicht bei zu vielen Kaschmiris damit religiöse Gefühle verletzt. Dieses Grab hat sich zu einer Art nationalem Heiligtum entwickelt, und jeden Menschen – gleich welcher Religion und Kultur – stört es, wenn die Totenruhe seiner Vorfahren verletzt wird.

Noch einiges zu dem Grab Rauzabal.

Hinter dem hölzernen Schrein im oberen Stockwerk findet man in den Boden eingemeißelte Fußspuren. Wer den Grabhüter

PLAN DES GRABES VON YUS ASAF

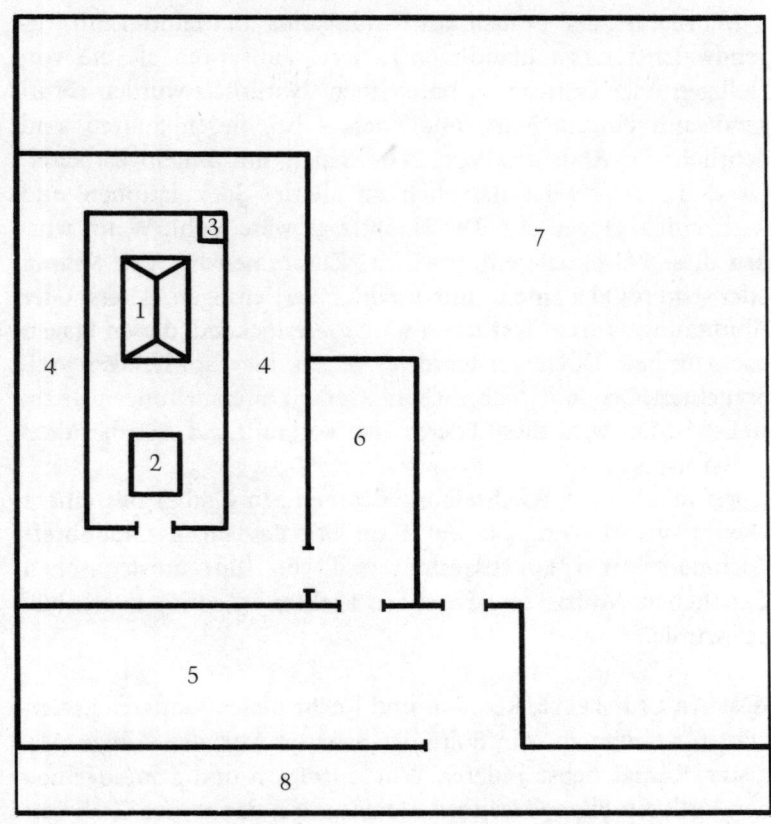

1 Grab von Yus Asaf
2 Grab von Sayid-Nasr-ud-Din
3 Eingemeißelte Fußspuren
4 Arkadenhalle

5 Vorhalle
6 Eingangshalle
7 Moslemischer Friedhof
8 Straße

fragt, was dies zu bedeuten habe, dem wird lakonisch geantwortet:

»Das sind die Fußspuren von Yus Asaf.«

Man kennt den Brauch aus Buddhismus und Hinduismus, irgendwelche, meist überdimensionierte Fußspuren als die von Heiligen oder Göttern zu bezeichnen. Natürlich wurden sie irgendwann eingemeißelt, und doch – bei diesen Spuren sind deutlich die Abdrücke von Nägelmalen mit hineingearbeitet. Diese Tatsache reizt natürlich zu allerlei Spekulationen und wirft einige Fragen auf. Die Hauptfrage wäre wohl: Wann wurden diese Nägelmale eingemeißelt? Zusammen mit den Spuren oder später? Oder sind es nur zufällige Vertiefungen, Alters- oder Abnützungsspuren? Natürlich wäre es verlockend, diesen Fragen nachzugehen. Doch wer würde es wagen, hier, am heiligen vielbesuchten Ort, mit technischem Gerät Untersuchungen anzustellen? Man wird diese Fragen also vorläufig auf sich beruhen lassen müssen.

Ich möchte die Beschreibung des heiligen Grabes mit einem Dekret abschließen, das auf Bitte des damaligen Grabhüters Rachman Mir 1766 ausgestellt und von fünf moslemischen Geistlichen (Muftis) sowie von vier Richtern (Kadim) unterzeichnet wurde.

»Das Amt für Lehre, Religion und Recht dieses Königreiches erklärt für Rachman Mir, Sohn des Bahadur Mir, daß Adlige, Minister, Könige nebst anderen Würdenträgern und dem allgemeinen Volk aus allen Gegenden anreisen, um das heilige Grab von Yus Asaf, dem Propheten – gesegnet von Gott –, zu sehen, zu ehren und ihm Opfer darzubringen. Wir erklären, daß die heilige Stätte berechtigt ist, diese Gaben entgegenzunehmen und zu verwerten, daß niemand anderer dazu das Recht hat und man verhindern soll, daß andere sich diese Rechte anmaßen. Nach Bekräftigung dieser Aussage wurde nachgewiesen, daß während der Regierung des Königs Gopadatta (auch Gopananda), der den Thron Salomons wiederherstellte und viele Tempel erbaute, ein Mann namens Yus Asaf erschien. Er war aus königlichem

Stamm, entsagte allen weltlichen Ansprüchen und wurde ein Gesetzgeber. Er pflegte seine Tage und Nächte im Gebet zu verbringen und zog sich für lange Zeit zu einsamen Meditationen zurück.

Dies geschah nach der ersten großen Überschwemmung in Kaschmir, als die Menschen sich der Verehrung falscher Götter überließen. Yus Asaf wurde als Prophet und Prediger dem Volk von Kaschmir gesandt. Er predigte von der Einheit Gottes, bis er starb. Er wurde begraben in Mohall Khanyar in der Nähe des Sees, an einem Platz, bekannt als Rauzabal. Im Jahre 1451 wurde Sayid-Nasr-ud-Din, ein Nachkomme des Imam Musa Ali Raza, in der Nähe von Yus Asaf begraben.

Da der Platz nun regelmäßig von jedermann besucht wird, von hoch und von niedrig, und der vorerwähnte Rachman Mir der erbliche Hüter des Grabes ist, wird er berechtigt, die dorthin überbrachten Opfergaben entgegenzunehmen, und kein anderer hat das Recht auf diese Geschenke.

Gegeben von unserer Hand am elften Tag des Jumada-al-Thania im Jahre 1766.«

Darauf folgen als Unterschriften die Namen von fünf Geistlichen und vier Richtern. Ich habe den Text aus dem Englischen übertragen, geringfügig vereinfacht und für die moslemischen Jahreszahlen die christliche Zeitrechnung verwendet. Bei dem im Text erwähnten See handelt es sich um den im Osten von Srinagar gelegenen Dalsee, unweit des Jesusgrabes.

Dieser See scheint während des Aufenthalts von Jesus in Kaschmir etwa die Rolle des Sees Genezareth in Galiläa gespielt zu haben. Nach örtlicher Überlieferung hat Jesus dort oft zum Volk gesprochen und seine letzten Lebensjahre wohl ständig hier verbracht. Die Nähe seines Grabes – der See ist nur ein paar Straßenzüge davon entfernt – spricht für diese Annahme.

Wenn man jemand fragt, wer Amerika entdeckt hat und wann, so wird in der Regel geantwortet: »Natürlich wurde es von Christoph Kolumbus entdeckt, und zwar im Jahre 1492.«

Wir wissen aber nun heute mit Sicherheit, daß schon die Wikinger um das Jahr 1000 unter ihrem Anführer Leif dem Glücklichen die Ostküste von Nordamerika entdeckt und besiedelt hatten. Sie nannten es Vinland, also »Weinland«, und aus dem 12. Jahrhundert wird berichtet, daß sogar ein Bischof diese Siedlungen besuchte. Später gingen sie durch verschiedene Umstände wieder zugrunde. Ein paar Runensteine und zeitgenössische Berichte isländischer Chronisten sind als Zeugen dieses Ereignisses geblieben. Im übrigen gibt es einige Hinweise, daß schon die Phönizier vor ihnen dort waren. Doch das hilft alles nichts: Kolumbus ist und bleibt der Entdecker Amerikas, und das Jahr 1492 wird heute noch jedem Schüler eingebleut.

Mit diesem Beispiel – das man um Dutzende vermehren könnte – möchte ich nur veranschaulichen, daß seit Jahrhunderten geläufige Fakten und Daten nicht so ohne weiteres aus dem Gedächtnis der Menschheit zu tilgen sind, auch wenn längst neue Erkenntnisse vorliegen. Dabei dreht es sich hier um weltliche und oft auch recht banale Dinge wie etwa Goethes letztes Wort »Mehr Licht!«, das er mit Sicherheit nicht gesprochen hat.

Geht es nun aber um Religion, um Glaubensdinge, dann ist es schwer, wenn nicht gar unmöglich, mit neuen Erkenntnissen – die den Glauben an sich gar nicht betreffen müssen – durchzudringen. Dann und wann gelingt es freilich einem Reformator, einen Teil der Menschen zu überzeugen, daß man manches auch anders sehen könne. Doch das Leben dieser Erneuerer verläuft unter Schwierigkeiten, Gefahren und Anfeindungen. Jan Hus landete auf dem Scheiterhaufen, und Luther mußte sich lange verstecken. Die Menschen sind eben nicht so ohne weiteres geneigt, altvertrautes, gewohntes, von den Vorfahren übernommenes Gedanken- und Glaubensgut wie einen alten Mantel abzustreifen.

Gewohnheit, Tradition, auch Trägheit spielen dabei eine große Rolle. Die Kirchen sichern sich auf einfache Weise gegen jede Änderung ab, indem sie das Altüberkommene für »durch Tradition geheiligt« erklären, und das jeweilige Glaubensbuch ist als »Wort Gottes« ohnehin sakrosankt. Für winzige, heute als unerheblich angesehene Glaubensabweichungen drohte jahrhundertelang der Scheiterhaufen.

Doch auch jetzt, wo keine Strafe mehr zu fürchten ist und jeder offen und lautstark bekennen darf, er sei Atheist, setzt sich ein zeitgemäßes Denken innerhalb der Religionen nur schwer oder gar nicht durch. Beim Islam läßt sich weltweit sogar eine Reaktion erkennen. Wo man glaubte, der Koran sei wenigstens als Gesetzbuch nicht mehr ganz geeignet – wie in Persien oder Pakistan –, werden jetzt wieder buchstabengetreu die alten Strafen des Koran wie Handabhacken, Steinigen und Auspeitschen angewandt. Im strengen Islam wird ohnehin der ganze Koran nicht nur als historische und Glaubenswahrheit angesehen, sondern er fungiert auch – wie oben schon dargetan – als Gesetzbuch. Sämtliche Probleme des Lebens sind im Koran angesprochen und – wenn man so will – auch gelöst. Mohammed lernte auf seinen Karawanenreisen allerlei Fragmentarisches über jüdische und christliche Religion. Diese Eindrücke verwob er im Koran zusammen mit seinen nächtlichen Visionen zu einem neuen religiösen System. Da er zum Beispiel der Ansicht war, ein Prophet Gottes könne unmöglich den schimpflichen Tod am Kreuz sterben, ließ er kurzerhand für Jesus ein Double kreuzigen, während der auch beim Islam verehrte Jesus zu Gott in den Himmel auffuhr. Im Koran heißt es wörtlich:

»Wir haben den Messias, den Jesus, Sohn Marias, den Gesandten Allahs, getötet. Sie haben ihn aber nicht getötet und nicht gekreuzigt, sondern einen anderen, der ihm ähnlich war.«

Dieser Ausspruch ist für den gläubigen Moslem religiöse und historische Wahrheit, und er wird es bleiben.

Aus alldem läßt sich nur ein Fazit ziehen: Über Glaubensdinge soll man nicht streiten. Das führt zu nichts, und am Ende hat jeder recht. Doch es muß, von der Glaubenswahrheit einmal abgesehen, auch noch eine historische Wahrheit geben. Durch den großen zeitlichen Abstand zu Jesu Geburt, Mission und Tod und die dürftige Quellenlage wird allerdings vieles offen oder umstritten bleiben müssen. Offen heißt aber auch: offen zur Diskussion, zur Auseinandersetzung mit den umstrittenen Fragen. Die Zeit der Scheiterhaufen ist zum Glück – in bezug auf Glaubensfragen – überwunden.

Als die Reporter der Zeitschrift *Stern* in Bombay den Kardinalerzbischof Gracias Valerian um eine Stellungnahme zu den neuen Dokumentenfunden bezüglich des Jesusgrabes fragten, antwortete der Kirchenfürst erschrocken:

»Um Gottes willen, schreiben Sie darüber nichts!«

Wir wissen, daß der *Stern* sich an diese katholische Lösung unbequemer Probleme nicht gehalten hat.

Wenn nun in diesem Buch Jesus die Kreuzigung überlebte, nach Kaschmir wanderte und dort hochbetagt starb, so möchte ich dies ausdrücklich als mögliche Variante der historischen Ereignisse verstanden wissen. Der Leser wird gespürt haben, daß es mir nicht um eine schlüssige Beweisführung ging, die bei diesem Thema ohnehin nicht möglich wäre. Es sollte der Versuch unternommen werden, die unbestreitbare Tatsache, daß viele Menschen in Kaschmir und auch andernorts das Grab in Srinagar für das von Jesus halten, zu untersuchen und alles Wichtige, das inzwischen darüber geschrieben wurde, zusammenzutragen.

Anhang

Chronologie

Von den Daten der Passionswoche abgesehen, sind sämtliche anderen Zeitangaben nur als ungefähre Anhaltspunkte zu verstehen.

um 5 v. Chr.	Jesus in Bethlehem (evtl. Nazareth) geboren.
um 3 v. Chr.	Flucht nach Ägypten.
4 v. Chr.	Tod Herodes des Großen.
	Jesus mit seinen Eltern in Nazareth.
um 7 n. Chr.	Jesus als Zwölfjähriger im Tempel.
um 8 n. Chr.	Jesus bricht mit einer Handelskarawane nach Osten auf.
etwa 10–25 n. Chr.	Jesus bereist verschiedene Gebiete in Vorderindien. Seine mutmaßliche Reiseroute führte über Damaskus, Syrien und Persien in die indische Provinz Sindh. Von dort ging er nach Puri in der Provinz Orissa. Hier kam es zu Zusammenstößen mit den Hindus, worauf Jesus den Ganges entlang über Benares ins Gebiet der »Gautamiden«, also der Anhänger Buddhas, wanderte. Vielleicht schon erster Besuch in Kaschmir.
um 20–25 n. Chr.	Rückkehr nach Palästina, vermutlich über Baktrien, Parthien und Medien. In diesem, etwa dem heutigen Persien ent-

	sprechenden Gebiet kam Jesus in Berührung mit dem Mazdaismus (die Religion des Zoroaster).
um 25 n. Chr.	Ankunft in Palästina.
um 26 bis 28 n. Chr.	Begegnung mit dem Orden der Essener. Ob Jesus dem Orden beitrat, ist nicht sicher. Dort vielleicht auch erstes Zusammentreffen mit Johannes dem Täufer.
um 28 bis 30 n. Chr.	Jesu Taufe durch Johannes. Danach etwa zweijähriges Auftreten als Lehrer, Prediger und Wundertäter.
Osterwoche 30 n. Chr.	Letztes Abendmahl mit den Jüngern. Jesus vor Pilatus und den Hohenpriestern.
7. 4. 30 n. Chr.	Jesus wird gekreuzigt.
7. 4. 30 n. Chr.	Gegen Abend wird der Bewußtlose durch Betreiben des Ratsherrn Joseph von Arimathia vom Kreuz abgenommen, er wird gesalbt und in ein Linnen gewickelt. Danach Grablegung in einer Grabkammer des Joseph.
7. bis 9. 4. 30 n. Chr.	Jesus kommt im Grab zu sich und wird mit Hilfe des Joseph von Arimathia versteckt und gesundgepflegt.
Mitte 30 n. Chr.	Jesus erscheint seinen Jüngern mehrmals in Menschengestalt und nimmt an ihren Mahlzeiten teil.
Ende 30 n. Chr.	Jesus trifft die Jünger am See Genezareth.
um 30/31 n. Chr.	Aufbruch zur zweiten Reise nach Osten.
um 31/32 n. Chr.	Begegnung mit Paulus bei Damaskus.
um 35–50 n. Chr.	Jesus wandert über Nisibis (?) und Taxila (?) nach Osten.
um 50–80 n. Chr.	Jesus als Lehrer und Prophet unter dem Namen Yus Asaf in Kaschmir.
um 76 bis 78 n. Chr.	Treffen mit König Shalewahin.
78 n. Chr.	Auf Yus Asaf bezogene Inschrift am Thron Salomons.

49–109 n. Chr.	Vermutliche Regierungszeit des Radschas Gopananda (auch Gopadatta) von Kaschmir.
um 80 bis 90 n. Chr.	Jesus stirbt in Kaschmir und wird in Srinagar begraben.

Bibliographie

Abdullah, M. S.: *Jesus – Leben – Auftrag – Tod*, Hamburg 1960.
Augstein, Rudolf: *Jesus, Menschensohn*, Gütersloh 1972.
Bardtke, Hans: *Die Sekte von Qumran*, Berlin 1958.
Bernier, Francois: *Travels in the Mogul Empire*, Oxford 1941.
Biblische Hand-Konkordanz, Bremen 1926.
Bruhl, J. H.: *The lost 10 tribes – where are they?*, London 1893.
Campenhausen, Hans von: *Der Ablauf der Osterereignisse und das leere Grab*, Heidelberg 1958.
Casson, Lionel: *Reisen in der Alten Welt*, München 1976.
Däniken, Erich von: *Reise nach Kiribati*, Düsseldorf 1981.
Docker, Ernest B.: *If Jesus did not die on the cross?*, London 1920.
dtv-Lexikon der Antike, 3 Bände, München 1971.
elrad-magazin für elektronik, August 1982.
Faber-Kaiser, Andreas: *Jesus died in Kashmir*, London 1977.
Farquhar, John Nicol: *The Apostle Thomas in South India*, Manchester 1927.
Ferrier, J. E.: *History of the Afghans*, London 1858.
Flavius Josephus: *Jüdische Altertümer*, Wien 1938.
Flusser, David: *Jesus*, Hamburg 1968.
Frazer, J. B.: *Historical and Descriptive Account of Persia and Afghanistan*, New York 1843.
Gard, Richard A.: *Der Buddhismus*, Genf 1972.
Goddard, Dwight: *Was Jesus influenced by Buddhism?*, Thetford 1927.

Haag, Herbert: *Biblisches Wörterbuch*, Freiburg 1971.

Hennecke-Schneemelcher: *Neutestamentliche Apokryphen*, Tübingen 1959.

Hough, James: *The history of Christianity in India*, London 1839.

Koran, bearbeitet von L. W. Winter, München 1959.

Lord, James: *The Jews in India and the Far East*, Bombay 1907.

Mensching, Gustav: *Leben und Legende der Religionsstifter*, Darmstadt o. J.

Mir Khwand: *Rauzat-us-Safa*, London 1891.

Nazir Ahmad, Al-Haj-Khwaja: *Jesus in Heaven on Earth*, Lahore 1973.

Notowitsch, Nikolaus: *Die Lücke im Leben Jesu*, Stuttgart 1894.

Plattner, Felix Alfred: *Christliches Indien*, Mainz 1963.

Podipara, Placid: *Die Thomaschristen*, Würzburg 1966.

Ramsay, William: *Was Christ born in Bethlehem?*, London 1905.

Reban, John (auch Kurt Berna und Hans Naber): *Christus wurde lebendig begraben*, Zürich 1976.

Renou, Louis: *Der Hinduismus*, Genf 1972.

Rose, G. H.: *The Ten Tribes and the Kings of the East*, London 1852.

Saxena, Krishna S.: *Political History of Kashmir*, Lucknow 1974.

Schneider, Carl: *Geistesgeschichte der christlichen Antike*, München 1970.

Schweitzer, Albert: *Geschichte der Leben-Jesu-Forschung*, München 1966.

Seydel, Rudolf: *Das Evangelium von Jesus in seinem Verhältnis zu Buddhas Sage und Legende*, Leipzig 1882.

Seydel, Rudolf: *Die Buddhalegende und das Leben Jesu*, Leipzig 1897.

Shams, J. D.: *Where did Jesus die?*, London 1978.

Sutta, Pandit: *Bhavishna Mahapurana*, Bombay 1917.

Thomas, Navakatesh: *Die Thomaschristen*, Würzburg 1967.

Weigall, Arthur: *Paganism in our Christianity*, London 1916.

Wilcox, Robert K.: *Das Turiner Grabtuch*, Düsseldorf 1978.

Younghusband, Francis: *Kashmir*, London 1909.

Personen- und Sachregister

Werner Keller

Und die Bibel hat doch recht

Forscher beweisen die historische Wahrheit. Völlig überarbeitete, erweiterte und auf den neuesten Stand der Forschung gebrachte Neuausgabe des archäologischen Weltbestsellers. 464 Seiten, 70 Abbildungen, davon 16 in Farbe, 3 Falttafeln, gebunden.

Seit über 20 Jahren gilt Werner Kellers »Und die Bibel hat doch recht« als Standardwerk zur biblischen Forschung. Millionen Leser in aller Welt haben sich gefangennehmen lassen von der Beschreibung der Ausgrabungen, der Entzifferung wiederentdeckter Handschriften und Dokumente, von berechtigten Vermutungen und handfesten Beweisen zum Wahrheitsgehalt der Bibel. Doch Forschung und Wissenschaft stehen nicht still. In den vergangenen 20 Jahren mußte manches revidiert werden, was als gesichert galt; vieles wurde beweisbar, was man seinerzeit noch nicht anzunehmen wagte.

In enger Zusammenarbeit mit Werner Keller ist Dr. Joachim Rehork eine beeindruckende Bearbeitung gelungen, die die Kompetenz dieses Buches für die nächsten Jahrzehnte sicherstellt. Diese Neuausgabe bietet aufgrund der umfangreichen Erweiterungen dem Leser praktisch ein neues Buch.

»Eines der Sachbücher, die durch Zuverlässigkeit und Prägnanz gleichermaßen überzeugen.«
Frankfurter Allgemeine

ECON Verlag, Postfach 9229, 4000 Düsseldorf 1

Manfred Barthel

Was wirklich in der Bibel steht

416 Seiten, 8 Abbildungen,
14 Karten, gebunden.

»Manfred Barthel entdeckt die Bibel als ein spannendes, aufregendes Lesebuch. Durch Erläuterung von schwer- oder mißverständlichen Textstellen, durch Verarbeitung neuester Forschungsergebnisse verschiedener Wissenschaftsdisziplinen ermöglicht er eine unmittelbare Begegnung mit dem, was wirklich in der Bibel steht, ohne dabei die Glaubensbotschaft in Frage zu stellen.«
Saarländischer Rundfunk

»Ein Nachschlagewerk für den, der sich über ein bestimmtes Thema oder Ereignis informieren will, ein Schlüssel, um auch Zugang zu schwierigen Fragen zu finden, ein Kommentar, der den neuesten Stand der Bibelforschung und der Bibelarchäologie berücksichtigt.«
Westdeutsche Schulzeitung

»Dieses Sachbuch berücksichtigt nicht nur den jüngsten Wissensstand aller mit der Bibelforschung befaßten Disziplinen, sondern es ist auch das erste, das die kürzlich veröffentlichte, endgültige Einheitsübersetzung der katholischen und protestantischen Kirchen für das Neue Testament herangezogen und mit den bisherigen Übersetzungen verglichen hat.«
Südwest Presse

ECON Verlag, Postfach 9229, 4000 Düsseldorf 1

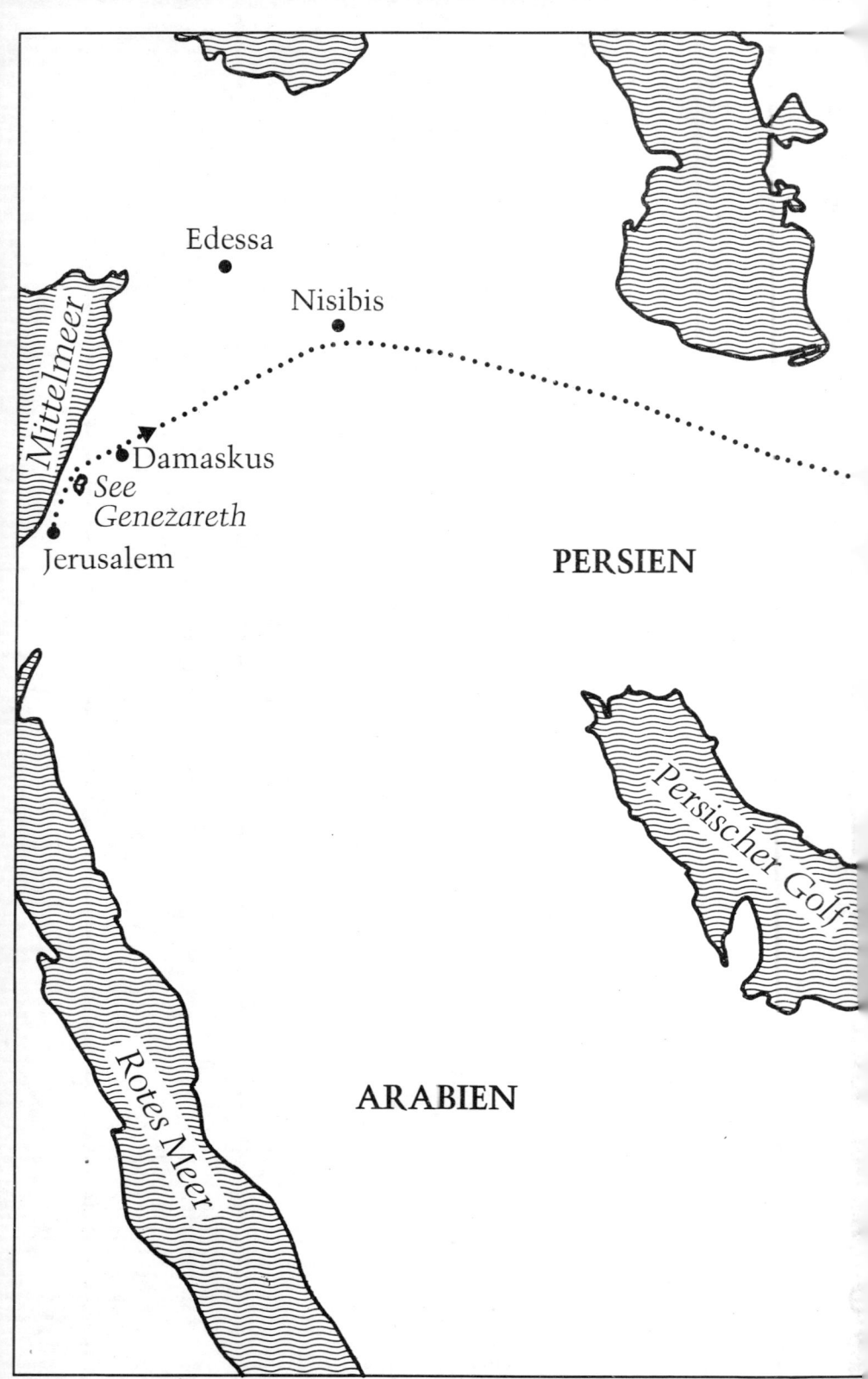